LITERATUUR EN EROTIEK

LITERATUUR EN EROTIEK

R. Van Daele
U. Musarra - Schrøder
G. Latré
J. Herman

Postuniversitair
Centrum
West-Vlaanderen
Kulak

Uitgeverij Peeters
Leuven
1993

ISBN 90-6831-536-6
D. 1993:0602/88

Inhoudstafel

Voorwoord

Reeds een vijftal jaren zet het Postuniversitair Centrum West-Vlaanderen een reeks voordrachten op onder de titel „Hoe zit het nu weer?". Het is de bedoeling stil te staan bij hoogtepunten, kroonjuwelen uit het cultureel erfgoed, waarvan de naam door vrijwel iedereen gekend is, maar vaak ook niet veel meer dan dat. Op een bevattelijke manier wordt toegelicht wat de recente verworvenheden zijn in het wetenschappelijk onderzoek over die „vaste waarden"

Thema van het academiejaar 1992-1993 was de erotiek in de literatuur. De grote werken die aan bod kwamen, zijn *Van den vos Reynaerde, Il Decamerone, The Canterbury Tales* en ten slotte de verschillende versies van de *Don Juan*-mythe. Dit boek bevat de teksten van de lezingen.

Al van voor de sexuele revolutie weten we dat eros één van de krachtigste drijfveren is van het menselijk handelen en in die hoedanigheid een onuitputtelijke inspiratiebron voor alle mogelijke cultuuruitingen. De uitdaging die de auteurs van de volgende bijdragen aangingen, bestond erin aan te tonen hoe eros tot literatuur wordt en op welke kunstzinnige wijzen het erotische in woorden en taalspelen gevat is.

Daarbij blijkt dat Eros al even zeer als zovele van zijn collega's een god met een dubbel gezicht is. Een veredelde, vergeestelijkte liefde die zich terugtrekt in verstilde intimiteit en leeft dank zij een gecultiveerde afstand, staat tegenover een provocerende, brutale en alle remmen los gooiende zinnelijkheid die gulzig in alle driften opgaat. De grens tussen beide is zeker niet zo streng als hier gesteld wordt en vlug overschreden. Zo ook blijkt er in het schrijverskabinet niet één pen en één inkt te bestaan om over het erotische te vertellen. Eindeloos is de creativiteit van het literaire kunstwerk om te zeggen wat niet gezegd mag worden en nieuwe schittering te geven aan wat van-zelf-sprekend leek.

Die burse al sonder naet.

Scabreuze elementen in Van den vos Reynaerde

RIK VAN DAELE

Met goeden sinne

Wellicht heeft *Van den vos Reynaerde*, het meesterlijke dierenverhaal geschreven door een verder anonieme Willem, ergens in het midden van de dertiende eeuw, zijn opname in een reeks „erotische verhalen" vooral te danken aan de weinig verhullende passage waarin heer „pape" in de „burse" wordt getast door de in doodsangst verkerende kater. Vooraf moeten wij duidelijk stellen dat *Van den vos Reynaerde* geen erotisch verhaal is. Wij menen echter dat er genoeg scabreuze elementen in het verhaal voorkomen die het opnemen in deze bundel enigszins rechtvaardigen.

Past deze tekst dan wel onder de noemer „erotisch", in de zin van „betrekking hebbend op de zinnelijke liefde"? Dit kan alleen maar als we het „erotische" in zijn breedst mogelijke betekenis opvatten. In dit korte bestek moeten we noodgedwongen voorbij gaan aan theoretische en terminologische uitweidingen. We stellen ons tevreden met de woordenboek- of lexicondefinities betreffende het erotische (wat te maken heeft met de zinnelijke liefde), het scabreuze (het gewaagde, schuine, onwelvoeglijke), het obscene (het oneerbare, ontuchtige, gemene, schunnige, waarbij het seksuele opzettelijk vaak op buitenproportionele manier wordt verbeeld) en het groteske (grillige, onnatuurlijke[1]). Wel zullen wij enkele methodologische uitweidingen formuleren betreffende het opsporen, herkennen en interpreteren van scabreuze zinsneden en woordgroepen.

Vooraf moeten wij nog enkele andere opmerkingen maken.

1. Wij kunnen niet alle facetten bespreken die de titel „scabreuze elementen in *Van den vos Reynaerde*" dekt. Men zal zich tevreden moeten stellen met enkele uitgewerkte stellingen.

---

1. Het groteske is eigenlijk een laat-middeleeuwse term, voor het eerst gebruikt door Rabelais, en dus eigenlijk een anachronisme wanneer we het gebruiken m.b.t. oudere teksten.

De gepresenteerde omschrijvingen zijn ongenuanceerd. Langere definities zouden ons hier te ver voeren. Wij verwijzen hiervoor naar de gespecialiseerde literatuur.

2. Wij moeten er vooraf ook op wijzen dat de middeleeuwer anders tegenover seksualiteit, erotiek en het scabreuze stond. Ook dit vergt een verhaal op zich. Wie zich in dit domein, en ook in het domein van de hoofse liefde wil oriënteren, verwijzen wij naar de algemene studies van Huizinga, Bumke, Le Goff en Duby[2].

In elk geval moeten we voorzichtig zijn om niet in de culturele kloof tussen de twintigste en de dertiende eeuw te vallen. Wat wij tegenwoordig als grof beschouwen, werd misschien niet zo geïnterpreteerd eeuwen geleden[3]. Sommige metaforen en omschrijvingen waren toen wellicht minder schokkend dan ze in onze post-Victoriaanse tijd zijn. Dergelijke grofheden beschouwen als een teken van decadentie, of van aristocratische overbeschaving, of als een boerse uiting van de lagere volksklassen (de boeren of de dorpers), zoals dit meermaals betoogd werd, is anachronistisch. Bovendien geldt ook de uitspraak van Huizinga (*Herfsttij*, p. 108) dat we er steeds rekening mee moeten houden dat de middeleeuwse werkelijkheid steeds ruwer en „onhoofser" was dan de „hoofse literatuur" met zijn verfijnd liefdesideaal de zaken voorstelde.

De grofheid, de dubbelzinnigheden, de obscene woordspelingen, de onbeschaamde lach en de fallische symboliek zijn volgens Huizinga een overblijfsel van de epithalamische stijl, dit is de stijl van het bruiloftsdicht. Dit werkte volgens hem in de middeleeuwen vooral door in komisch-erotische genres als de vertelling, het lied en de klucht. Ons komt het voor dat het profane en het geestelijke, het verhevene en het lage, het hoofse en het onhoofse in dezelfde kijk op de realiteit hoorden. Ze waren waarneembaar binnen dezelfde oogopslag, maar hadden elk hun eigen plaats. Het hoofse stond centraal, het onhoofse in de periferie.

---

2. J. HUIZINGA, *Herfsttij der Middeleeuwen. Studie over levens- en gedachtenvormen der veertiende en vijftiende eeuw in Frankrijk en de Nederlanden.* (16de druk.) Groningen, 1984. Zie vooral de hoofdstukken 8 en 9. Over het obscene p. 106 e.v.; J. BUMKE, *Hoofse cultuur. Literatuur en samenleving in de volle Middeleeuwen.* (Aula-pocket.) Utrecht, 1989. Zie vooral deel 2, p. 470-555; J. LE GOFF, *De cultuur van middeleeuws Europa.* Amsterdam, 1987. Zie vooral p. 438 e.v.; (Ed.) G. DUBY, *Geschiedenis van het persoonlijk leven. Van het feodale Europa tot de renaissance.* Amsterdam, 1988. Zie vooral p. 447 e.v. en in het register onder "seksualiteit". Het gaat hier om in het Nederlands vertaalde basiswerken die de grote lijnen aangeven en die gemakkelijk voor een ruim publiek toegankelijk en beschikbaar zijn. Tot slot verwijzen wij ook naar de recente studie van B. ROY, *Une culture de l'équivoque.* Montreal/Parijs, 1992. In deze werken wijst de ruime bibliografie (zie vooral B. Roy) naar meer gespecialiseerde en gedetailleerde studies.

3. Zie D. COIGNEAU, *Refreinen in het zotte bij de rederijkers.* Deel II. Gent, 1982, p. 269-291. (Koninklijke Academie voor Nederlandse Taal- en Letterkunde, VIde reeks, nr. 111.)

Het onhoofse, grillige, obscene had een plaats in de marge van het boek, op de misericorde, in de boertige opvoeringen na en tussen de hoofse, abele verhalen of de gewijde opvoeringen. In deze voorstellingen wordt stoom afgeblazen, krijgt het onderbewuste vrij spel. Aan het lijstje door Huizinga opgesomde genres mag ook dat van het dierenverhaal toegevoegd worden. Hierin konden dieren als mensen worden voorgesteld en kon het beestachtige in elke mens beklemtoond worden.

3. Tot slot: wij moeten ons bij de lezer verontschuldigen voor wat zal volgen. Misschien kan het een troost zijn te weten dat onze voorouders veeleer een lach dan een grimas, jolijt dan schaamte, blijheid dan boosheid ondervonden bij het aanhoren of vernemen van wat komen gaat. Onze middeleeuwse voorouders waren natuurlijk geen exegeten, er was geen „Hineininterpretierung" mogelijk. Misschien werden sommige grofheden door bepaalde individuen wel en andere niet als zodanig ervaren. Dit is ook het probleem voor wat volgt. Hoe ver gaan we, en hoever mogen we gaan? Gaan we te ver, of niet ver genoeg? In elk geval kunnen wij ons verschuilen achter de initiatiefnemers van deze reeks. Zij kozen het thema „Hoe zit het nu weer? Erotische verhalen", en zij gaven *Van den vos Reynaerde* er een plaats in. Zij zijn mede verantwoordelijk voor de inhoud. Wij moesten dit verhaal wel presenteren, of zoals de Middelnederlandse Reynaertdichter stelt...

26 Mijns dichtens ware een ghestille,
     Ne hads mi eene niet ghebeden
     Die in groeter hovesscheden
     Gherne keert hare saken.
30 Soe bat mi dat ic soude maken
     Dese avontuere van Reynaerde.
     Al begripic die grongaerde   vitters
     Ende die dorpren ende die doren,
     Ic wille dat die ghene horen
35 Die gherne pleghen der eeren
     Ende haren zin daer toe keeren
     Datsi leven hoofschelike,
     Sijn si arem, sijn si rike,
     Diet verstaen met goeden sinne.

Op de „goeden sinne" van de lezer doen ook wijzelf een beroep. Het onderzoek naar het scabreuze staat nog in de kinderschoenen. Wat volgt, wil een discussie op gang brengen, zoals dat al eerder - wat de scabreuze elementen betreft - op een bescheidener niveau het geval was in de

Reynaertcommentaar in de recente studie over het Comburgse hand-schrift[4]. Indien dit gebeurt, achten wij deze bijdrage geslaagd.

In *Van den vos Reynaerde* leidden bovenstaande dichterlijke beschou-wingen het eigenlijke Reynaertverhaal in. Vooraleer we het scabreuze in het verhaal analyseren, vertellen wij het verhaal interpreterend. Deze ver-telling bevat op enkele punten nuanceringen die wij in onze dissertatie, *Van den vos Reynaerde. Functie van de ruimtelijke elementen en de naamgeving*, Leuven 1992 (nog niet gepubliceerd), hebben aangebracht, verschilpunten met vroegere lecturen van het verhaal, zoals die in school-boeken, literatuurgeschiedenissen en samenvattingen werden gepresen-teerd. In de vertelling werden drie fragmenten in het Middelnederlands geciteerd omdat ze het uitgangspunt van ons betoog vormen en later cen-traal staan bij de verdere analyse. Ook in de eigenlijke analyse presente-ren wij enkele bevindingen van ons dissertatie-onderzoek.

Het verhaal

In *Van den vos Reynaerde* staat de rol van de taal centraal. Taal is in de *Reynaert* synoniem van hypocrisie en leugen. Leugenachtige taal leidt naar de totale ondergang. In het Reynaertverhaal staan twee werel-den diametraal tegenover elkaar. De wereld van koning Nobel, een krachtig hiërarchisch gestructureerd geheel, roept orde, eenheid en blij-heid op, althans in de openingsverzen. Daartegenover staat de onhoofse wereld van de vos, de andere wereld, die een aantal parallellen bezit met de 'Andere Wereld' uit de Arturroman, geregeerd door het kromme en de veelheid, het „menichfoude". Het streven van de Nobelwereld is de Reynaertwereld te veroveren, te koloniseren, en zo deze wereld op te heffen om er de eigen hoofse norm te installeren. Dat de wereld van de vos wordt geregeerd door het kwade, blijkt reeds van bij het begin door de klachten. Reynaert pleegde overspel met de wolvin Hersinde, de vrouw van Isegrim, en hij „beseekede" het kroost van de wolf. De vol-gende die klaagt is Cortoys:

> 98 Doe Ysengrijn dit hadde ghesproken,
>   Stont up een hondekijn, hiet Cortoys,
> 100 Ende claghede den coninc in Francsoys
>   Hoet so arem was wijlen eere,   ooit

4. (Ed.) J.D. JANSSENS, R. VAN DAELE, V. UYTTERSPROT en J. DE VOS, *Van den vos Reynaerde. Het Comburgse handschrift.* Leuven, 1991 (verder afgekort als *Het Comburgse handschrift*). In dit artikel worden de citaten overgenomen uit deze uitgave. Ook K. Heeroma, W. Gs Hellinga en F. Lulofs gingen op deze problematiek in.

Dat alles goets en hadde meere   Dat hij niets meer had
In eenen winter, in eene vorst,
Dan alleene eene worst
105 Ende hem Reynaert, die felle man,
Die selve worst stal ende nam.

Reynaert stal de worst van de hond Cortoys en hij probeerde nadien haas Cuwaert te vermoorden. Wanneer daarna Cantecleer de haan met zijn uitgedunde kroost en de dode Coppe ten hove verschijnt, moet er gereageerd worden. Er volgt een staatsbegrafenis.

450 Doe die vygelyen ghehent was,
Doe leidemen Coppen in dat graf,
Dat bi engiene ghemaect was,   kunstig
Onder die linde in een gras.
Van maerber steene die slecht was,   glad
455 Die letteren diemen daer an sach.
Die saerc die daer up lach
Dede an tgraf bekinnen   gaven te kennen
Wie daer lach begraven binnen.
Dus spraken die bouc stave
460 An den zaerc up den grave:
„Hier leghet Coppe begraven,
Die so wale conste scraven,   scharrelen
Die Reynaert, die vos, verbeet
Ende haren gheslachte was te wreet."   familie

Na de begrafenisplechtigheid wordt eerst de zelfzekere Bruun de beer uitgestuurd naar de 'Andere Wereld' van de vos. De beer gaat echter ten onder in een „zoektocht" naar honing in het dorp. Ook de tweede bode, Tibeert de kater, komt in het dorp bijna aan zijn eind. Hij kan ternauwernood aan een fatale slag ontsnappen door de pastoor te verminken:

1260 Alse Tybeert dat ghesach,
Dat hi emmer sterven soude,   zeker
Doe dedi een deel als die boude,   de dapperste
Dat dien pape verghinc te scanden.
Beede met claeuwen ende met tanden
1265 Dedi hem pant, alsoet wel scheen,   bracht hem letsel toe
Ende spranc dien pape tusschen die been
In die burse al sonder naet,

Daermen dien beyaert mede slaet.
Dat dinc viel neder up den vloer.
1270 Die vrauwe was zeerich ende zwoer,   bedroefd
Bi der zielen van haren vader,
Sine wilde wel om al gader
Die offerande van eenen jare,
Dat niet den pape ghevallen ware
1275 Dit vernoy ende dese scame.   ramp
So sprac: „Int sleets duvels name
Moete dit strec sijn gheset.
Siet, lieve neve Martinet:
Dit was van huwes vader ghewande.   wapenrusting
1280 Siet hier mijn scade ende mijn scande
Emmermeer voert in allen stonden.   voortaan
Al ghenase hi van der wonden,
Hi blivet den soeten spele mat.''

Uiteindelijk wordt Reynaerts neef Grimbeert uitgestuurd. Het is onze
vaste overtuiging dat het niet alleen Nobel is, noch Grimbeert, die de vos
ertoe dwingt om naar het hof te gaan. Het is Reynaert zelf die het initiatief neemt. Nadat hij eerst in eigen huis, zijn eigen wereld, twee individuele vertegenwoordigers van het hof heeft „verdoort", acht hij nu de
tijd rijp om de hofwereld zelf, in de persoon van de allerhoogste
vertegenwoordiger, koning Nobel de leeuw, aan te pakken en te laten
„ontweghen" (dit is moreel te laten verdwalen). Na Reynaerts schijn-
bare ondergang (de veroordeling tot de galg en het verlaten worden door
al zijn „magen") redt de vos door middel van zijn „scone tale" zijn vel.
Hij spiegelt de koning een schat voor die zou gediend hebben om een
complot te bekostigen ten voordele van vraat Bruun, die koning zou
worden. De demonische Reynaert schrikt er niet voor terug zijn neef
Grimbeert zwart te maken, en erger nog, zijn eigen vader van hoogver-
raad te beschuldigen. Reynaert krijgt kwijtschelding van straf en bovendien de vrijspraak in ruil voor het aanduiden van de precieze vindplaats
van de schat. Nobel twijfelt, maar door het getuigenis van Cuwaert weet
de vos de vorst te overtuigen. De schat ligt op een duistere plaats, waar
nooit een mens komt en waar onheilspellende vogels huizen, bij de
Kriekeputte, ten zuidwesten van Hulsterlo. De plek die Reynaert schetst,
is een plek van ondergang, duisternis, verdoemenis en dood. Nobel ziet
dit echter niet, ziende blind door geld en macht. De vorst offert (zonder
het zelf te beseffen) Cuwaert de haas en Belijn de ram op en hij schenkt

ze als gids aan Reynaert, die door een nieuwe list - hij moet op pelgrimstocht naar het Heilig land om vergiffenis van zonden te krijgen -
kan ontsnappen, zonder dat hij het koningspaar naar de fictieve schat
moet begeleiden. Te Malpertuus aangekomen vermoordt Reynaert de
haas. Hij geeft de hazekop als een zogenaamde brief voor de koning mee
met Belijn, die hij tot dichter benoemt. Reynaerts cynisme blijkt als hij
deze „brief" in de tas uit het berevel verstopt. Wanneer de vorst de
„brief" ziet, komt het inzicht. Te laat echter. Dit is de totale ondergang
van de hofwereld. Men hoort een schreeuw van de koning, zoals men
nog nooit een schreeuw van enig dier heeft gehoord. Deze oerschreeuw
is een doodsschreeuw. De koning is zijn eer kwijt. De uiteindelijk her-
stelde vrede („Ende maecten pays van allen dinghen" in A 3469) is een
doekje voor het bloeden. Het is het cynisch einde van een zeer pessimis-
tisch verhaal. Willem misleidt zijn publiek hier bewust door het retori-
sche principe van de omkering, een procédé dat hij vaak en met grote
voorkeur doorheen het hele verhaal hanteert. Wie het verhaal verstaat
„met goeden sinne" weet immers dat de hele hofmaatschappij een puin-
hoop is. Er is geen pays.

Probleemstelling

Wij concentreren ons nu op de scabreuze elementen in het verhaal.
Wij zullen trachten te achterhalen wat de betekenis en de functie ervan
is in het geheel van het verhaal. Gaat het om gratuite humor? Pessim-
sime en humor sluiten elkaar geenszins uit. Of hebben de obsceniteiten
een tekenfunctie en reveleren ze iets over de dieperliggende betekenis
van het verhaal?

De interpretatie van de geciteerde passage A 1260-1283 is weinig
problematisch. De belevenissen van Tibeert spelen zich af in een niet
nader gelokaliseerd dorp. Het dorp is een derde wereld, een tussenwe-
reld, ondergeschikt aan de wereld van het hof en de wereld van de
vos. Het dorp wordt gekenmerkt door groepsgebondenheid, agressie
en onhoofsheid. Wij hebben in onze dissertatie bij de bespreking van
het dorp de stelling uitgewerkt dat de beschrijving van het dorp en de
dorpelingen in *Van den vos Reynaerde* nogal wat scabreuze elementen
bevat. Wij hebben een aantal bewijsplaatsen gezocht om dit aan te
tonen, niet steeds zonder moeite en meestal met de nodige
terughoudendheid. Het dorp is in onze interpretatie een gemengde
wereld waar het ridderlijk-hoofse en het platvloers-onhoofse met
elkaar worden geconfronteerd.

Tibeert reageert zijn agressie af op de dorpspastoor. Over een aantal erotische metaforen in de „castratiescène" (eigenlijk is het maar „half" werk: de „pape" verliest - in het Dyckse handschrift - slechts één van zijn „clippelen") bestaat geen twijfel. De „castratie" biedt een heel veld van eufemismen, zoals „dinc", „ghewande", „burse sonder naet"[5], „beyaert", en even verder in de tekst: „ghenesen", „clippelen" en „clocken", waar weinig onderzoekers bezwaar maken betreffende de interpretatie. Opvallend is dat vooral de kerkelijke beeldsfeer gebruikt wordt om de geslachtsdelen en -praktijken te beschrijven. Zo bespringt de kater als het ware een sacrale ruimte. Het geslacht van de pastoor wordt als een klokketoren beschreven waarin men „dien beyaert slaet" en met de „clippelen" speelt. Een ander veld dat hier gebruikt wordt, is het militaire: „ghewande" betekent (ook: wapen-)uitrusting, zodat het gehele gevecht als (een knipoog naar) een ridderlijk tweegevecht kan gezien worden.

Reynaert bespot Julocke met de mededeling: „Gheneset de pape, en es gheen lachtre/Dat hi ludet met eere clocken" (A 1299-1297). Ook dit „ghenesen" is een eufemisme. Deze uitdrukking kwam eerder in het Reynaertverhaal ook voor in vers A 245, in de verdedigingsrede van de das: „So [Hersinde] was sciere ghenesen". Grimbeert meent dat hier een weinig ter zake doend feit wordt opgeblazen. Ze kwam het vlug te boven. Sommige exegeten (o.a. F. Lulofs) verbinden hieraan zelfs de suggestie dat zij een kind baarde. Het scabreus gebruik van het werkwoord „ghenesen" is bijvoorbeeld ook te vinden in de laat-middeleeuwse anekdotenverzameling *De pastoor van Kalenberg*. De hoofdfiguur keert terug naar „sijnen jonckwijve", die lang naar hem heeft gesmacht, „want hy haer plach haer heymelijcke ghebreken te ghenesen nae sijn vermogen"[6].

Dat deze gehele Tibeertscène in de loop van de Reynaertnaleving steeds als scabreus, zelfs obsceen werd geduid, is duidelijk te zien aan de erop toegepaste censuur. Dit werd onderzocht door J. Goossens in zijn hoogst interessante en plezante boek *De gecastreerde neus*[7]. Goossens heeft de evolutie en de appreciatie van deze passage gedurende eeuwen onder de loep genomen en vooral in de moderne naleving

---

5. De overeenkomst is dubbel: enerzijds is er de vorm, anderzijds de kostbare inhoud.
6. (Ed.) H. VAN KAMPEN en H. PLEIJ, *De pastoor van Kalenberg. Een laatmiddeleeuwse anekdotenverzameling*. (Populaire literatuur, 3.) Muiderberg, 1981, p. 58, v. 518-519.
7. J. GOOSSENS, *De gecastreerde neus*. (Leuvense Studiën en tekstuitgaven, N.R. 8.) Leuven/Amersfoort, 1988.

vanaf 1830 nauwkeurig bestudeerd. Hij onderzocht de verschillende mechanismen van versluiering en weglating van de gehele passage of van bepaalde beelden, woorden of regels. Ook in de illustratie van de scène zijn heel wat versluieringstendenzen op te merken (bijvoorbeeld in de prent van Rie Kooyman waar de kater naar het gezicht van zijn belager springt, ill. 1). E. Verzandvoort plant in het Reynaerttijdschrift

1. Tibeert verminkt zijn belager, ill. Rie Kooyman, zie: J. GOOSSENS, p. 94 (onze noot 7)

Tiecelijn een artikel waarin hij de censuur onderzoekt in gedrukte exemplaren van individuele lezers die in hun eigen uitgaven eigenhandig gewraakte passages onleesbaar maakten. Ook in recente tijden en in respectabele reeksen werd gecensureerd. Enkele decennia geleden lazen de universiteitsstudenten te Leuven nog de gecensureerde Reynaerttekst uit de reeks *Van alle tijden*, waarin nog tot in de negentiende druk van 1969 tussen de verzen 1252-1303 een korte, enigszins misleidende parafrase stond van de betreffende verzen met de mededeling dat de „pape" een „afschuwelijke verwonding" werd toegebracht (p. 120-121, ill. 2). Samenstellers van Vlaamse schoolhandboeken voor zeventien- en achttienjarigen slagen er tegenwoordig nauwelijks in de scène te bloemlezen. En zelfs toen wij enkele jaren geleden voor BRT-3-schoolradio deze passage op een vrij brave manier analyseerden, kwam er een boze brief van een verbolgen priester-luisteraar. De censuur is slechts één tendens. Tegenwoordig zijn er ook tegenovergestelde tendenzen merkbaar. Een goed voorbeeld hiervan is de illustratie van Bert Bouman in de Reynaerthertaling van Ernst van Altena (eerste druk bij Ploegsma in 1978, zie ill. 3).

Bij het fragment van de worstdiefstal (fragment p. 12-13) ligt de al of niet scabreuze lectuur al heel wat moeilijker. Mogen wij hier aan een associatie worst-fallus denken? Of is dit een geval van „Hineininterpretierung"? Zelf menen wij bevestigend te mogen antwoorden, zoals

1250   Doe moeste Tibeert daer ontfaen
       Wel meneghen slach al in een.

Martinet wierp hem met een steen een oog uit, van de „pape" zou hij een hevige slag ontvangen, maar in zijn radeloze angst sprong Tibeert op hem toe en bracht hem „beide met clauwen ende met tanden" een afschuwelijke verwonding toe. Terwijl de jammerende Julocke nog door Reinaert werd gehoond, viel haar ongelukkige echtgenoot in onmacht, zodat men hem te bed legde.

       Hier binnen keerde Reinaert
1305   Alleene ter herberghen waert,
       Ende liet Tibeert seere vervaert
       Ende in sorghen van der doot.

2. De gewraakte Tibeertscène in *Van den vos Reinaerde*, ed. D.C. TINBERGEN en L.M. VAN DIS, 1969, p. 120-121. (19de druk.)

wij dit eerder hebben gedaan (*Het Comburgse handschrift*, p. 216). Wij komen hier op terug.

En wat te beginnen met het grafschrift van Coppe, „Die so wale conste scraven" (A 462; fragment p. 13), door J.D. Janssens geïnterpreteerd als „zij die zo goed kon scharrelen", dit is kon „copuleren". Anderen, onder wie N. de Paepe, menen dat „scraven" alleen „krabben in de grond" betekent, en vinden dat men uit deze mededeling geen erotisch „scharrelen" kan afleiden. Over dergelijke werkwoorden of substantieven is er onder vakgenoten geen consensus. Hetzelfde geldt voor de naamgeving van Hersinde[8]: Hersinde wordt dan eens Yswende (door de

8. Voor het "scraven", zie G.-H. ARENDT, *Die satirische Struktur des mittelniederländischen Tierepos "Van den vos Reynaerde"*. (doct. dissertatie.) Keulen, 1965, p. 57-59; J.D. JANSSENS, *Reynaert: schelm of schurk? Een sprong over de culturele kloof*, in: *Tiecelijn*, 5 (1992), p. 11-15, m.n. p. 14-15; J.D. JANSSENS, *Het Comburgse handschrift*, p. 178. Wij verwijzen hier naar de opmerkingen van onder andere G.-H. Arendt, F. Lulofs en J.D. Janssens betreffende het werkwoord "scraven" in het epitaaf.
Betreffende de naamgeving, zie F. LULOFS, *Van den vos Reynaerde*. Groningen, 1983, p. 208; en J.D. JANSSENS, *Het Comburgse handschrift*, p. 180 en p. 225. Hier lijkt de consensus groter. Op deze gevallen komen wijzelf niet uitvoerig terug. Een geval

3. Tibeert verminkt zijn belager, ill.
Bert Bouman, ed. E. VAN ALTENA,
Reinaert de vos, p. 32. Zie ook J.
GOOSSENS, p. 98.

aanvangsletter met haar echtgenoot *Y*sengrim verbonden, waardoor ze
hem belachelijk maakt als hoorndrager), dan eens Haersint (dit is „Haersint", „haer sint het"?) genoemd.

We kunnen deze lijst verder aanvullen met nog moeilijkere en nog
meer ter discussie staande problemen zoals de rol van het kapoentje in
de papewoning in Vermandois, de uitspraak van „list"/"lust" en van
„verhoeren" (A 73) in de zin van: „zijn zin geven", „gehoor geven
aan" of „verkrachten". De kans om voor deze laatste gevallen tot definitieve oplossingen en eenduidige antwoorden te komen, is gering.
Misschien zijn ook niet alle dubbelzinnigheden nog in de teksten
naspoorbaar. En verder is het niet ondenkbaar, zelfs waarschijnlijk, dat
ook mimiek en gebaren middelen waren om het komische en het ambi-
gue te beklemtonen.

De interpretatie van deze en andere mogelijke obscene plaatsen is een
van de meest problematische domeinen van de Reynaertfilologie. De
elementen die we dadelijk zullen onderzoeken zijn het spinrokken, de
naamgeving van de dorpers, het „capelaen maken" en het „credo sin-
ghen" van de haas Cuwaert.

Enkele methodologische bedenkingen

De vraag die ons bezig houdt is: zijn deze plaatsen ambigu? Zijn ze
het alleen voor de moderne interpretator? Zoals gezegd is er op dit vlak

van Hineininterpretierung is wellicht de naam van de ooi die Belijn vergezelt: "dame Ha
wy" (A 1848-1849). Hellinga interpreteerde deze naam als "O ja" (van het Franse
"oui"). Hij hield echter geen rekening met de Oudfranse uitspraak. Meer onderzoek naar
dialectische varianten is noodzakelijk.

momenteel absoluut geen consensus. Op den duur begint men zich als onderzoeker af te vragen of men zo ver wel moet zoeken. Zegt een dergelijk onderzoek niet meer over de literairhistoricus die de analyse maakt of over de tijd waarin het onderzoek gebeurt, dan over het te onderzoeken object en de middeleeuwse receptie? Misschien wel. Maar zo vlug willen wij er ons niet vanaf maken. Wij wensen hieromtrent enkele methodologische reflecties te formuleren. Bovendien is een kennismaking met de Reynaertexegese tijdens de laatste eeuw Reynaertfilologie verhelderend, om zo de houding van de kritiek ten opzichte van het probleem te bepalen. Onze opmerkingen overstijgen de Reynaertmaterie en zijn bruikbaar bij de bestudering van diverse middeleeuwse teksten.

Het blijft vooral problematisch om de middeleeuwse context en receptie van woorden en beelden en hun metaforische en symbolische betekenis(sen) te reconstrueren. De moeilijkheden waarmee men bij een dergelijk onderzoek geconfronteerd wordt zijn van diverse aard[9]: 1. het aantal overgeleverde teksten; 2. de gebrekkige studie; en daaruit volgend: 3. het gebrek aan een degelijk lexicografisch apparaat.

Een eerste moeilijkheid is dat er in verhouding vrij weinig scabreuze teksten zijn overgeleverd (of bestudeerd?), zeker in het Middelnederlands. „Double talk" vinden we in het Middelnederlands vooral (en in elk geval) in de enkele boerden (fabliaus), sproken, boertige liederen (in liederenverzamelingen, bijvoorbeeld in het *Antwerpsch liedboek* en het *Gruuthuse*-handschrift) en in laat-middeleeuwse kluten (sotternieën). De opgesomde genres kunnen verder aangevuld worden met komische passages in dierenverhalen, heiligenlevens, ridderromans, enzovoort. Het betreft in een aantal gevallen vrij jonge of zelfs recent opgetekende teksten. We kunnen ons echter niet voorstellen dat er in (de late middeleeuwen in) het Middelnederlandse taalgebied niet meer komische teksten circuleerden. Dat het komische zijn plaats had in het

---

9. Bij ons weten is alleen J.D. Janssens hier reeds op ingegaan tijdens een lezing te Brussel op het congres van de Vlaamse Vereniging voor Cultuurwetenschappen (1990), ondertussen gepubliceerd: *Het probleem van de ironie in de Middelnederlandse epiek*, in: (Ed.) Th. VENCKELEER & W. VERBEKE, *Cultuurwetenschappen in beweging*. Leuven/Antwerpen, 1992, p. 141-161. In Duitsland werd de vraag gesteld door W.-D. STEMPEL, *Mittelalterliche Obzönität als literarästhetisches Problem*, in: *Die nicht mehr schönen Künste*. (Ed.) H.R. JAUß, *Poetik und Hermeneutik III*. München, 1968, p. 187-205. Het probleem werd ook ter sprake gebracht door F.P. KNAPP, *Ueber einige Formen der Komik im hochmittelalterlichen Tierepos*, in: *Wolfram-Studien*, 7 (1982), p. 32-54, m.n. p. 45.

middeleeuwse literaire leven bewijzen de vele voorbeelden in de Latijnse literatuur (onder andere de *Carmina burana*)[10], maar ook in het Hoogduits (onder andere Neidhart von Reuental) en in het Oudfrans. In het Oudfrans bijvoorbeeld zijn heel wat meer teksten en genres, vooral dialogen, met dubbelzinnige inhoud bekend; zo de „demandes d'amours", korte liefdesdialogen met afwisselend vraag en antwoord, en de „venditions", teksten waarin het antwoord een liefdesvers moet zijn waarin het eerste vers rijmt op de vraag[11].

Een tweede oorzaak die ervoor zorgt dat het bestuderen van de dubbelzinnigheden in literaire teksten moeilijkheden oplevert, is dat de studie van de ambiguïteit en vooral van de naamgeving nog zelden uitvoerig als centraal studie-object aan bod is gekomen. Dit geldt niet alleen voor de studie van het Middelnederlands; ook in andere taalgebieden bloeit de studie van de ambiguïteit en van de naamgeving nauwelijks. Zo is bijvoorbeeld wat de *Roman de Renart* betreft, ons geen enkele baanbrekende studie over deze aspecten bekend. Hier ligt een immens onderzoeksterrein open. Comparatief onderzoek is trouwens noodzakelijk gezien het schaarse Middelnederlandse materiaal.

De combinatie van het geringe aantal teksten en de geringe belangstelling voor de studie van schunnigheden en andere dubbelzinnigheden resulteerde in een lexicografisch apparaat dat nauwelijks voldoet om dergelijke teksten te bestuderen. Maar hier speelt nog een andere factor een rol. De samenstellers van de grote woordenboeken, het *Middelnederlandsch Woordenboek* (*MNW*), en in mindere mate, het *Woordenboek der Nederlandsche Taal* (*WNT*), hebben een aantal gegevens zowel bewust als onbewust verdrongen. Ze hebben selecties gemaakt van het aantal betekenissen. Wij zijn de eersten om volmondig de uitzonderlijke verdiensten van grote wetenschappers als Verwijs en Verdam (*MNW*) te beklemtonen. Toch is het een feit dat (vooral) het *MNW* weinig concrete gegevens oplevert voor de studie van scabreus geladen teksten.

*   *
*

Wij zien onszelf als erfgenamen van voorgangers, „reuzen" in het vakgebied, die elk op hun eigen manier in hun eigen tijd met het obscene

---

10. Een inleiding hierover is te vinden in: E.R. CURTIUS, *Scherz und Ernst in mittelalterlicher Literatur*, in: E.R. CURTIUS, *Europäische Literatur und lateinisches Mittelalter*. Bern, 1948, p. 420-435.

11. Zie B. ROY, *a.w.*, p. 95-96.

omgingen. Schematisch en (te sterk) vereenvoudigend kunnen we stellen dat wat de benadering van „double talk" aangaat, in de Reynaertfilologie drie grote periodes te onderscheiden zijn. Eerst was er de grote stilte in de negentiende eeuw, vervolgens de suggererende, weifelende houding van onder andere F. Buitenrust Hettema en J.W. Muller net voor de Eerste Wereldoorlog en tijdens het Interbellum, en ten slotte de voortvarendheid en het soms rabiate gissen van W.Gs Hellinga.

1. Het *MNW* is een negentiende-eeuws produkt. Verwijs en Verdam hebben zich piëteitsvol van hun taak gekweten in een tijd waarin de Victoriaanse moraal domineerde. Naar alle waarschijnlijkheid hebben zij een aantal in *Van den vos Reynaerde* (en ruimer: in andere teksten) op zijn minst dubbelzinnige passages wel degelijk in dubbele zin verstaan, maar achtten zij dit niet voor publikatie raadzaam. Naast de preutsheid is de snelheid (een zéér relatief begrip als men de tijdsspanne waarin ze tot stand kwamen bekijkt) waarmee dergelijke omvangrijke lexicologische instrumenten tot stand kwamen wellicht een factor waarom zo weinig dubbelzinnigheden werden geregistreerd. Het opsporen van dubbelzinnigheden is erg tijdrovend en de resultaten zijn onzeker. Dus is het misschien raadzaam om er in dergelijke standaardwerken over te zwijgen. Dat deze opmerkingen enigszins genuanceerd moeten worden, wordt bewezen door het *Erotisch woordenboek* van Heestermans[12], waarin onder andere vele van de in het *WNT* aanwezige obsceniteiten werden verzameld. Toch kan deze lijst nog aangevuld worden.

Tot nu toe kwamen vooral de grote woordenboeken als „problematisch" apparaat voor de interpretatie van dubbelzinnigheden aan bod. Hetzelfde geldt echter ook voor talrijke negentiende-eeuwse tekstuitgaven, zowel van de *Reynaert* als van andere teksten. Sommige navorsers wilden van de middeleeuwse literatuur een katholiek en/of een burgerlijk-preuts beeld ophangen. Vele oude tekstuitgaven zijn vaak interessant voor motiefstudies omdat ze uitgebreide woordlijsten opnemen. Jammer genoeg wordt van een te verklaren woord soms slechts één (onverdachte) betekenis opgenomen, en wat onder deze oppervlaktelaag zit, met name de dubbele zin , wordt wel eens verzwegen.

2. Ook de grote Reynaerdisten F. Buitenrust Hettema en J.W. Muller zijn kind van hun tijd. We concentreren ons enkel op de geschriften van Muller omdat hij zich op het keerpunt bevindt. Zijn *Exegetische commentaar* (1942) en de namenlijst in de derde druk van zijn kritische

---

12. (Ed.) H. HEESTERMANS, e.a., *Erotisch woordenboek*. (Prisma, 1928.) Antwerpen/Utrecht, 1980.

editie (1944) zijn getuige van een gevecht met de moraal van de tijd. Muller voelt de dubbelzinnigheden aan, geeft een aantal bewijsplaatsen, maar expliciteert ze vrijwel nergens. Tekenend is het geval „Ogerne", waar hij een erotisch geconnoteerde suggestie van K. Heeroma en G. Kamphuis eerst volmondig afwijst, maar nadien twijfelt hij (p. 108). Wij komen op „Ogerne" terug. Muller is een van de eersten die de dubbelzinnigheid van het verhaal uitvoerig ter sprake brengt, zij het met de nodige schroom. In het begin van zijn commentaar, bij de bespreking van de klacht van Pancer, verontschuldigt hij zich:

> Wellicht vereischt de, hier en elders, soms, noodwendig ietwat omstandige verklaring, „ontdekking" van deze en latere, tot dusverre onopgemerkt, „bedect" [...] gebleven, onkiesche, erotisch-obscene „dubbelzinnigheden" eenige verontschuldiging. Men bedenke echter dat een commentator zich van zijn plicht tot verklaring, naar zijn beste weten, van den tekst, niet ontslagen mag achten door overwegingen van dezen aard. En dit geldt hier te meer, omdat deze inderdaad soms zeer „equivoque", ja niet zelden „schunnige" woord- en zinspelingen alle (en alleen) voorkomen in R. I A (vs. 41-1900), en dus waarschijnlijk alleen op rekening gesteld mogen worden van den oorspronkelijken dichter van R. I A, Aernout.

Muller gaat er ten onrechte van uit dat *Van den vos Reynaerde* het werk is van twee auteurs. Dat is hier echter niet relevant. Door de these van het dubbel auteurschap weet hij wel op zeer vernuftige manier Willem te bevrijden van de verantwoordelijkheid scabreuze taal te gebruiken. Verder excuses zoekend merkt Muller op dat:

> Voor 't overige moge - zij 't ook niet ter verschooning dezer „schunnigheden" - niet vergeten worden dat zij waarlijk niet alleen in R. I (A) en in verschillende andere Mnl. gedichten, maar ook in de Ofr. Renart-branches en hunne laat-middeleeuwsche nazaten, en evenzeer in den Mhd. Reinhart Fuchs geenszins zeldzaam, veeleer talrijker, en dikwijls nog veel rouwer en schouwer zijn! [13]

3. De Amsterdamse hoogleraar W.Gs Hellinga was de eerste die met zijn aandacht voor het namenspel de obsceniteiten in de naamgeving bij een brede laag van wetenschappers, waaronder zijn eigen „leerling" F.

---

13. J.W. MULLER, *Van den vos Reinaerde. Exegetische commentaar*. Leiden, 1942, p. 28 noot 1.

Lulofs, ingang deed vinden. Nochtans waren het G. Kamphuis en vooral K. Heeroma die reeds voor Hellinga op dit rijke veld wezen, bijvoorbeeld naar aanleiding van de interpretatie van de naam Hughelijn. De naam Hughelijn komt ook voor als Hughe in de sotternie *Rubben*. Rubben is drie maanden getrouwd, heeft zijn vrouw voordien nooit aangeraakt en wordt toch vader. Hij vraagt zijn schoonouders om meer uitleg en stelt voor: (v. 70) „Ic wille, dat ghi mi Hughe heet"[14]. Hughe is in onze literatuur dikwijls te vereenzelvigen met de hoorndrager. Dergelijke suggesties zijn echter voortdurend het voorwerp van discussie omdat er geen apparaat is waaraan ze getoetst kunnen worden. Bovendien staafde Hellinga zijn uitspraken nauwelijks met (inter-)tekstueel bewijsmateriaal. Het lijkt op een welles-nietes-spelletje. „A n'importe quel endroit du texte, si un lecteur 'dépravé' y perçoit un second sens, rien n'empêche un lecteur bien pensant de nier qu'un tel sens existe" (B. Roy, p. 76).

*   *
  *

Het ligt niet voor de hand om strategieën te ontwikkelen voor de interpretatie van passages waarin men „double talk" vermoedt. Velen zijn het erover eens dat het apparaat niet voldoet. Maar hoe sporen we dergelijke dubbelzinnigheden dan op? Niet alle vakgenoten zullen de suggesties en strategieën hieronder overnemen. Dikwijls wordt een dergelijk onderzoek afgedaan als amateuristisch, associatief, of als „vol van verzonnen etymologieën"[15]. Het gevaar van „over-interpretation" is reëel. Men kan trachten vele gevaren en valkuilen te ontwijken door diverse strategieën te combineren. Wij bespreken enkele van deze strategieën.

1. Elke interpretatie hangt vanzelfsprekend af van de co-tekst waarin een bepaald woord of een woordgroep voorkomt. Een beeld kan in een wereldlijke tekst een andere betekenis hebben dan in een geestelijke. Een analyse van dezelfde of verwante woorden in hetzelfde werk is daarom van primordiaal belang. Het lijkt echter vrijwel uitgesloten om met een grote lexicografische zekerheid de exacte betekenis van mogelijk dubbelzinnige woorden - die meestal een voor de hand liggende, andere primaire betekenis hebben - te bepalen. Het veiligst lijkt het op

---

14. G. KAMPHUIS, *Hughelijn en vrouwe Ogerne (Reinaert 796-800)*, in: *De nieuwe taalgids*, 36 (1942), p. 258.
15. Vgl. met Th.W. ROSS, *Chaucer's Bawdy*. New York, 1972, p. 11-15.

zoek te gaan naar clusters van betekenissen, naar isotopieën binnen een bepaalde passage of tekst:

If one is uncertain whether a word has a palimpsest of secondary sexual meaning in a particular passage, the sudden surge of clusters of associated words will often provide mutual reinforcement and heightened probability. (Ross, p. 21).

Een mooi voorbeeld hiervan is te vinden in de erotische en de religieuze isotopieën in de Tibeertscène.

2. Hierbij aansluitend proberen we de woorden waarvan we zeker de dubbelzinnigheid kunnen achterhalen in een andere context ook op dezelfde ambiguïteit te onderzoeken. Identieke metaforen in andere werken uit dezelfde tijd en voor hetzelfde publiek zouden ons een inzicht kunnen geven in het functioneren van bepaalde dubbele betekenissen. Hierbij houden wij vooral in het oog wat wij zojuist opmerkten: het beeldkarakter van een tekst wordt in hoge mate door de co-tekst bepaald. Het spreekt vanzelf dat een spinrokken in een didactisch-moraliserende tekst of in een religieuze tekst niet dubbelzinnig geladen is; in een klucht of een lied bestaat die mogelijkheid wel.

3. Een ander hulpmiddel is de iconografie in de marge van de „officiële" kunst. In drolerieën en andere margeversieringen in verluchte handschriften, in de randen en op de achtergrond van tekeningen en schilderijen, op misericorden en op plaatsen in kerken en kathedralen die moeilijk zichtbaar zijn voor het oog, heeft de middeleeuwse kunstenaar zijn verbeelding laten spreken. Hij roept op deze plaatsen een tegenwereld op, tegengesteld aan de goddelijke wereld. Hier vinden we de veelheid, de kleurrijkheid en de verbeeldingskracht, de angst en het genot, het gevaarlijke en het verbodene, het chaotische, het obscene en het komische, dat de middeleeuwse kunst eigen is. In de marge kon men onafhankelijk van het strikt topologisch voorgeschrevene handelen. In de marge van de officiële kunst tieren het burleske, het duivelse, het heiligschennende en het chaotische door elkaar[16]. Standaardwerken als die van L.M.C. Randall over marge-illustraties en J.K. Steppe over middeleeuwse koorbanken[17] geven hiervan op vele bladzijden het bewijs.

---

16. We hebben dit uitgewerkt in R. VAN DAELE, *De vos die je ziet, ben je zelf*, p. 28-29. Dit artikel werd opgenomen in: (Ed.) D. DE GEEST & M. VAN VAECK, *Brekende spiegels. Beeldveranderingen in de Nederlandse literatuur.* Leuven, 1992, p. 19-41.

17. L.M.C. RANDALL, *Images in the Margins of Gothic Manuscripts.* Berkeley, 1966; J.K. STEPPE, *Wereld van vroomheid en satire. Laat-gotische koorbanken in Vlaanderen.* Kasterlee, 1974.

In de meeste gevallen worden obscene taferelen bevolkt door mensen in combinatie met dieren en door hybride wezens. De dierlijke wereld was voor de middeleeuwer in de eerste plaats te verbinden met de wereld van het kwaad. Door het obscene aan dieren te koppelen, ontstaat bovendien een nieuwe taal van symbolisch spreken.

Zelden vinden we een realistische weergave. Zedelijke verwildering wordt uitgebeeld aan de hand van grote fallussen in de vorm van stokken en hoeden. Seksuele gemeenschap wordt opgeroepen door middel van doedelzakken, orgels en andere muziekinstrumenten, en dit vaak in combinatie met musicerende dieren[18]. De illustratie in L.M.C. Randall, *Images in the Margins of Gothic Manuscripts*, nr. 117, waarop twee monniken een orgel bespelen, beduidt ongetwijfeld meer dan de uitbeelding van „twee monniken die samen orgel spelen" (ill. 4). Kunnen

4. Orgel spelende monniken, Koninklijke Bibliotheek Brussel, 9961-62, fol. 66, zie L.M.C. RANDALL, p. XXIV nr. 117 (onze noot 17).

blaasbalg en pijpen verbonden worden met de geslachtsorganen en gaat het om seksuele spot? Het orgel, met lange pijpen en luchtzakken, was een geliefkoosd instrument in de margekunst. Vooral apen bespelen het orgel graag, zoals te zien is in een margeversiering van het gebedenboek

18. Voor de inventarisatie is Randall een begin. Deze studie kan aangevuld worden met het bezit van het "Centrum van het verluchte handschrift in de Nederlanden" (K.U.L.) en met de inventarisatie die bestaat van de handschriften van de K.B. in Brussel, m.n. *Les principaux manuscrits à peintures de la Bibliothèque royale de Belgique*. Brussel. T. I van C. GASPAR en F. LYNA (1937, herdruk 1984); T. II (ID., 1945, herdruk 1987); T. III F. LYNA, (Ed.) C. PANTENS (1989).

5. Orgel spelende aap in het gebedenboek van Maria van Bourgondië, Oester. Nationalbib. Wenen, Codex Vindobonensis 1857, fol. 90r., zie F. UNTERKIRCHER, p. 67 (onze noot 19).

6. Twee apen blazen vos op d.m.v. een zak, Pierpont Morgan Library New York, Ms. 485, Centrum voor de studie van het verluchte handschrift in de Nederlanden (K.U. Leuven).

van Maria van Bourgondië uit 1477 (ill. 5)[19]. Wat de interpretatie van dergelijke marge-illustraties betreft ligt nog een immens veld open, zowel op het vlak van de inventarisatie als op het vlak van de interpretatie (Wat beduiden ze? Hoe verhouden ze zich tot de tekst waarbij ze afgebeeld staan?). Apen komen vaak voor in de marges omdat zij imiteren wat hen wordt voorgedaan (in het Frans is „singe" een anagram van „signe")[20]. Apen symboliseren de nabootsing, de illusie... In een weinig aan de verbeelding overlatende illustratie in een laat-vijftiende-eeuws getijdenboek onder een miniatuur van de tenhemelopneming van Maria wordt een vos opgeblazen door twee apen. De prent laat weinig aan de verbeelding over (ill. 6). De zak of blaasbalg (of is het een „meelbuydel", zie p. 44), gevuld met wind, staat voor leeghoofdigheid, domheid, snoeverij en hoogmoed; maar ook voor tweedracht, en is ook te verbinden met het scabreuze, met losbandigheid[21]. Een aap met een blaasbalg is ook te vinden in het reeds eerder genoemde gebedenboek van Maria van Bourgondië (ill. 7). Ongetwijfeld obsceen te interpreteren is een aap die een trompet aan het achterwerk van een andere aap houdt in de marge van een laat-dertiende-eeuws *Lancelot del Lac*-handschrift (Yale Ms. fol. 147) (ill. 8). Een ander geliefkoosd instrument als metafoor voor seksuele gemeenschap is de doedelzak. Dat dit instrument een zeer suggestieve vorm bezit, wordt uitgewerkt in een detail in de *Tuin der lusten* van Jeroen Bosch (ill. 9). Een mooi vossevoorbeeld met een absoluut zekere seksueel geconnoteerde interpretatie is een doedelzak spelende vos in een vroeg-vijftiende-eeuws Latijns gebedenboekje dat nu in de Leuvense universiteitsbibliotheek wordt bewaard (signatuur A 3). Dit voorbeeld toont aan dat de vos kan functioneren in een seksueel geladen discours (ill. 10).

De muziek is niet alleen in de iconografie een frequent voorkomend veld om het seksuele te verbloemen, maar ook in de literatuur. In de „onhoofse" liederen in het *Gruuthuse*-handschrift bijvoorbeeld wordt de seksuele gemeenschap verbeeld door muzikale activiteiten zoals het trommelen of bongen, het tureluren of de doedelzak bespelen en het

---

19. Een inleiding op Maria's gebedenboek is de met fraaie miniaturen geïllustreerde uitgave: F. UNTERKIRCHER, *Burgundisches Brevier. Die schönsten Miniaturen aus dem Stundenbuch der Maria von Burgund (Codex Vindobonensis 1857.)* Graz, 1974.

20. M. CAMILLE, *Image on the Edge. The Margins of Medieval Art.* Londen, 1992, p. 12.

21. D. BAX, *Ontcijfering van Jeroen Bosch.* 's-Gravenhage, 1948, p. 171-172. Bax merkt op dat de blaasbalg een symbool van de vagina was. Hij geeft een aantal zestiende-eeuwse voorbeelden.

7. Aap met rode kap met blaasbalg, naast de evangelist
Johannes; zie ill. 5, Codex Vindobonensis 1857, fol.
27r., zie F. UNTERKIRCHER, p. 49 (onze noot 19).

8. Apen met trompet, Yale Ms. fol. 147, zie: L.M.C.
RANDALL, p. CXII nr. 542 (onze noot 17).

vedelspel. Naast de muziek zijn de jacht, het toernooi, kerkelijke attributen en gebruiken, en voorwerpen en handelingen uit het dagelijkse leven
zoals vlasbraken, boogschieten, paardrijden en disputeren veel voorko-
mende velden voor de seksuele metaforiek[22]. De lijst is nog veel langer.

4. We kunnen in elk geval gebruik maken van enkele bestaande
gespecialiseerde lexica van reeds onderzochte literaire werken uit andere
perioden en andere taalgebieden. Zelfs moderne lexica kunnen, met de
nodige reserves, als hulpmiddel gebruikt worden. Deze werken hebben
slechts een relatieve waarde en zijn alleen richtinggevend. Hierbij moet
rekening gehouden worden met het feit dat „slang" zeer snel wisselt en
van streek tot streek, van sociale laag tot sociale laag en van tijd tot tijd
kan verschillen. Vele slangwoorden verdwijnen even plots als ze verschijnen en kunnen een hele tijd later opnieuw aan de oppervlakte
komen[23]. Maar ook hier zijn er problemen. Wat we voor het *MNW* con-
stateerden, geldt ook voor standaardwerken in andere taalgebieden. De
conservatieve *Oxford English Dictionary* en de *Middle English
Dictionary* nemen zelden „bawdy" op.

* *
*

Wij werken nu een aantal plaatsen uit waar *mogelijke* dubbelzinnigheden verstopt zitten, terwijl wij gebruik maken van de opgesomde
hulpmiddelen (co-tekst, intertextualiteit, iconografie en lexica over oud
en modern taalgebruik). Wij keren voor de eerste plaatsen naar het dorp
terug, met name naar de passage vóór Tibeerts fatale sprong. Wanneer
we dit fragment uitvoeriger en van iets vroeger in het verhaal analyseren, dan valt een omkering op ten opzichte van de Bruunscène. In de
Bruunscène was de pastoor de leider van zijn gezin. Onder de dorperlin-
gen is hij de tweede in bevel, na Lamfroyt de timmerman. Hij neemt het
initiatief wanneer zijn vrouw in de rivier wordt gegooid en hij belooft
aflaten aan wie Julocke redt. In de Tibeertscène verschuift het middel-

---

22. Zie J. REYNAERT, *Onhoofse liederen. Thematische genres en types in het
Gruuthuseliedboek*, in: (Ed.) F. WILLAERT, *Een zoet akkoord. Middeleeuwse lyriek in
de Lage Landen.* (Nederlandse literatuur en cultuur in de middeleeuwen, VII.)
Amsterdam, 1992, p. 154-169 (noten p. 368-372). Zie ook D. COIGNEAU, *Refreinen in
het zotte bij de rederijkers.* Deel II, p. 269 e.v.: "coïtusrefreinen". Zie de vele tientallen
voorbeelden p. 274 e.v.

23. Bij de interpretatie van een aantal scènes hebben we ons gebaseerd op lexica van
schunnigheden in andere literaire teksten, vooral op Th.W. ROSS, *Chaucer's Bawdy*;
Vgl. E. PARTRIDGE, *Shakespeare's Bawdy.* New York, 1960.

9. Detail uit de Tuin der Lusten (rechtervleugel) van Jeroen Bosch, Madrid, Prado.

10. Doedelzak spelende vos, Meester Goudranken, Leuven, Universiteitsbibiotheek A 3, zie R. VAN DAELE, p. 32 (onze noot 16).

punt van het gebeuren naar de pastoorswoning. Wij vernemen dat de „pape" getrouwd is en diverse kinderen heeft (A 1236). Op het statuut van de gehuwde priester gaan wij niet dieper in. Feit is dat de naam van zijn vrouw, Julocke („Ik verleid je")[24], de priester zelf grondig belachelijk maakt. Zelf krijgt hij geen eigen naam, hij is een „typische" figuur.

De dorpspastoor of de (meestal) ongeletterde seculiere geestelijke neemt in de middeleeuwse literatuur een weinig benijdenswaardige positie in. Wellicht onder invloed van de geletterde hogere geestelijkheid werd de dorpspastoor in de Latijnse traditie als een bespottelijke figuur gekarikaturiseerd. Lagere geestelijken werden afgebeeld als onvermoeibare vrijers, verstokte dobbelaars en slimme handelaars in prebenden[25]. De „pape" in *Van den vos Reynaerde* gaat in de fout op ten minste vier terreinen: de religieuze wanpraktijken, de ongeoorloofde seksualiteit, de vraatzucht en de felheid; dit laatste manifesteert zich in zijn taalgebruik en zijn woeste activiteiten.

Zowel in de Bruunpassage als in de Tibeertscène wordt de „pape" als een „wilde-man" afgebeeld. Stilistisch wordt dit onderstreept door de herhaling van de verbetenheid waarmee hij op het hofdier inhakt: „Die pape liet den cruus staf/Ghestichte slaen, slach in slach" (A 811-812) en „slouch slach in slach" (A 1253).

De Tibeertscène is een variatie en een climax ten opzichte van de Bruunscène. Deze climaxwerking culmineert in de „castratie" en uit zich zowel op het inhoudelijke als op het formele vlak. Er is de toenemende spot en humor. Het grappige effect wordt bereikt door enkele stilistische ingrepen: de auteurstussenkomsten, de herhaling, de aansprekingsvormen en de metaforiek voor de seksuele daad en de genitaliën (wat we reeds eerder analyseerden). Door de auteurstussenkomsten ontstaat dramatische ironie, bijvoorbeeld: „als hem wel sceen" (A 1252), dat op zijn beurt weer herhaald wordt in A 1265 („Dedi hem pant, alsoet wel scheen"). De herhaling vergroot het komische effect van de scène. Tot driemaal toe wordt beklemtoond dat de pastoor naakt staat:

Quam hute sinen bedde, moeder naect. (A 1241);
Die pape stont, als hem wel sceen,/Al naect (A 1252-1253);
Die pape stont al bloeter huut (A 1258).

---

24. Zie W.Gs HELLINGA, *Naamgevingsproblemen in de Reynaert*, in: *Onomastica Neerlandica*, Leuven, 1952, p. 14.

25. Zie H. PLEIJ, *Het gilde van de Blauwe Schuit. Literatuur, volksfeest en burgermoraal in de late middeleeuwen.* (2de, vermeerderde druk.) Amsterdam, 1983, p. 200-205; en H. VAN KAMPEN en H. PLEIJ, *De pastoor van Kalenberg. Een laatmiddeleeuwse anekdotenverzameling*, p. 85-87.

De climaxwerking en het komische worden vooral in de hand gewerkt door de omkering. Deze omkering is een heel subtiele operatie die de ware verhouding tussen de pastoor en Julocke blootlegt. De omkering bestaat erin om in de man-vrouw-relatie tussen de pastoor en Julocke de „normale" verhoudingen op hun kop te zetten. In de Tibeertscène deelt Julocke de lakens uit; de pastoor wordt getekend als een verwijfd iemand, terwijl Julocke meer dan haar mannetje staat. De omkering komt in de eerste plaats tot uiting in de keuze van het wapen van de pastoor. In de Bruunscène hanteert hij een kerkelijk object, zijn „cruus staf", terwijl Julocke het spinrokken hanteert. Het spinrokken is een typisch vrouwelijk gebruiksvoorwerp én een steekwapen. Het is trouwens niet zo uitzonderlijk dat het als steekwapen wordt gebruikt. Zo beeldde P. Brueghel de Oude de dapperheid of standvastigheid (Fortitudo) uit door middel van een weefster die een ezel, symbool van de luiheid, doodt met haar spinrokken[26]. Ook in de matière renardienne komt het spinrokken meer dan eens voor als wapen van de boerin of de pastoorsvrouw. Talrijk zijn de marge-illustraties waarop een vrouw een kippedief achtervolgt met een opgeheven spinrokken (bijvoorbeeld ill. 11). Het spinrokken was een lange stok waarop bij het spinnen het te bewerken materiaal met de hand werd gestoken[27]. Het spinrokken gold

11. Vos wordt achtervolgd door vrouw met spinrokken in missaal uit 1323, Den Haag, Meermanno-Westreenianum, 78.D.40 fol. 31, zie: L.M.C. RANDALL, p. XL nr. 190 (onze noot 17).

26. Zie J.W. MULLER, *Exegetische commentaar*, p. 57.
27. Muller beeldt deze stok, waarrond vlas of wol gewikkeld kon worden, af (*Exegetische commentaar*, p. 57; zie ill. 12).

als een typisch vrouwelijk symbool omdat het spinnen een typisch vrouwelijke bezigheid was. In de Bruunscène hanteert de vrouw het spinrokken. In de Tibeertscène worden de rollen echter omgedraaid. De vrouw neemt (als wapen én als lichtbaken) een religieus voorwerp (de „offerkeerse" - op deze manier zal de vrouw Tibeert het nodige schamele licht bezorgen om niet mis te tasten), terwijl de pastoor een wapen neemt dat voor het grijpen ligt: Julockes spinrokken, dat als een echt wapen kan dienen en een grote bedreiging zal vormen voor de angstige kater.

Maar is er niets meer aan de hand? De vorm van dit gebruiksinstrument roept associaties op met de fallus. Het spinrokken is in elk geval een interessant object omdat het vormelijke verwantschap vertoont met het mannelijk geslachtsorgaan en functioneel verwijst naar een vrouwelijke activiteit. Wij vragen ons af of het spinrokken in *Van den vos Reynaerde* geen erotische symboliek opriep. Te meer omdat het spinrokken in de laat-middeleeuwse literatuur dikwijls als (verborgen of expliciet) seksueel symbool gebruikt werd. Het spinrokken werd ook gebruikt als een symbool bij de straf voor overspel en vooral bigamie[28]. Er zijn voorbeelden bekend dat een bigamist in de zestiende eeuw aan de kaak werd gesteld, geflankeerd door twee spinrokkens. Zo stond

Naar beeldhouwwerk aan een Fransche cathedraal, 13de of 14de eeuw.

Naar een Duitsche gravure, 17de eeuw.

Naar een houtsnede van Hans Burgkmair, 16de eeuw.

12. Spinrokken, afb. in J.W. Muller, onze noot 13 en 27.

28. Zie *WNT*, XIV, 2, kol. 2846; In het *MNW* zijn Verwijs en Verdam minder duidelijk dan De Vries en Te Winkel, zie deel VII, kol. 1443, want ze hebben het alleen over het spinrokken als "het zinnebeeld der vrouw".

Hulstenaar Jan de Coeyer in september 1533 te Mechelen aan de kaak omdat hij zich schuldig had gemaakt aan diefstal, meineed en bigamie. Hij stond blootshoofds op een schavot met aan elke zijde een spinrokken, „hoogh genoech dat men het sien mach, boven zijn hooft uytsteken"[29]. Aan zijn hals hingen drie valse zegels. Nadien werd hij rond de markt geleid, gegeseld, met een gloeiend ijzer op de wang gebrandmerkt en eeuwig verbannen.

Een sluitend bewijs dat het gebruik van het spinrokken in de literatuur erotisch geladen is, valt niet zo gemakkelijk te leveren. Toch zijn we ervan overtuigd dat in een aantal passages in de kluchten die onze oude literatuur rijk is, het spinnen in een dubbele betekenis wordt gebruikt. We illustreren dit door middel van enkele voorbeelden. Een eerste is het *Spinsterslied* uit het liedboek van Jan Frans Willems. Een spinstertje wordt verleid door een knappe jongeling. De verleiding gaat telkens een stukje verder. De spinster laat begaan. De stokregel luidt: „Maer ik spon". Uiteindelijk wordt ze door de jongeling stoutmoedig en „minnedriftig" omhelsd, zodat spinnen onmogelijk wordt. De humor ligt hier in de omkering van de beeldspraak. Spinnen kan enkel in de (erotisch) metaforische zin[30].

De meeste van deze voorbeelden worden in het *MNW* verklaard als: „Spinnen, het handwerk van het spinnen verrichten", namelijk in: *Drie daghe here*, v. 218. „Si scuert, si scommelt, si spent, si nait,/Ende doet haren orbore binnen huus". Deze interpretatie is betwistbaar. In sommige dialecten heeft „spinnen" (nog steeds) een erotische betekenis[31]. Op één plaats kunnen de lexicografen niet rond de seksuele connotaties van een „spinvers" heen, met name in het „musyckboeksken" van Tielman Susato (1643), *Liedeb. S.* 15, 8, waar er staat: „wat scaet mijn boel, dat ick spinne, ick en naye niet te min". In het *MNW*, VII, 1740 wordt dit „spinvers" vermeld onder de betekenis „vlassen op, zich

29. Hetzelfde gebeurde in april 1555 met Jacob Verschueren die twee "huisvrouwen" getrouwd had. Eerst stond hij een uur lang met twee spinrokkens op het schavot, waarna hij voor tien jaar verbannen werd. Zie hiervoor: L.Th. MAES, *Vijf eeuwen stedelijk strafrecht. Bijdrage tot de rechts- en cultuurgeschiedenis der Nederlanden.* Antwerpen/'s-Gravenhage, 1947, p. 233-234 en p. 675 nr. 870 en p. 690-691 nr. 993. Zie ook F. VANHEMELRYCK, *De criminaliteit in de ammanie van Brussel van de late middeleeuwen tot het einde van het ancien régime (1404-1789).* (Verhandelingen van de Koninklijke Academie voor Wetenschappen, Letteren en Schone Kunsten van België. Klasse der Letteren, jaargang 43, nr. 97.) Brussel, 1981, p. 158. Met dank aan J. Thiron voor deze vindplaats.

30. *Oude Vlaemsche liederen ten deele met de melodiën, uitgegeven door J.F. Willems.* Gent, Gyselynck, 1848. Nr. XCVIII.

31. (Ed.) P. LEENDERTZ, *Middelnederlandsche dramatische poëzie.* Leiden, [1908], p. 125. (*WNT*, XIV, 2, kol. 2833).

inspannen voor, streven naar". De spitsvondige verbloemende commentaar (door het gebruik van het Latijn) van de samenstellers luidt: „hier als verbloemde uitdr. voor 'Veneri operam dare'" (het liefdesspel bedrijven).

De belangrijkste laat-middeleeuwse tekst die met het spinrokken in verband kan gebracht worden is *Die evangelien vanden spinrocke*[32]. In de titel worden een positief („evangelie") en een negatief („spinrokken") betekenisveld gecontamineerd. De naamgeving, het feit dat de dames het „evangelie" verkondigen en de waarschijnlijk erotische metafoor „spinrokken" wijzen op de zeer negatieve inhoud van deze tekst[33]. Het werk bevat een seksuele isotopie doorheen bijna alle tussenkomsten (men heeft het voortdurend over overspel, seksuele gemeenschap en zwangerschap). De voorbeelden van spinrokkens in woord en beeld zijn talrijk; steeds lijkt de context negatief. Een grondige analyse van de middeleeuwse marginaaltjes zou deze stelling kunnen bevestigen. We geven enkele voorbeelden. In het getijdenboek van Maria van Bourgondië komt een spinnend varken voor in het gezelschap van een aap die een haspel vasthoudt (ill. 13). Hier wordt in elk geval de vrouw op de korrel genomen. We kunnen hier terloops opmerken dat het varken, symbool van vraatzucht en gulzigheid, een dominante rol speelde in de *Ysengrimus* (Gent, circa 1150), een van de voorlopers van *Van den vos Reynaerde*. In het handschrift Londen B.M. Stowe 17 fol. 34, een Maastrichts getijdenboek van circa 1300, komt een non voor die op een bankje zit (ill. 14). Naast haar staat een spinrokken in een kaarsenhouder. Voor de non staat een kat die een (fallusvormige) spoel aanbiedt. De combinatie van al deze elementen wijst in de richting van mogelijke erotische metaforiek. Ook mannelijke geestelijken worden frequent met spinrokken afgebeeld. In hetzelfde handschrift vinden we op folio 118 een verwante scène: een monnik - een franciscaan? - met spinrokken en

32. Het gaat om een laat-middeleeuwse oorspronkelijk Franse tekst (*Les Evangiles des Quenoilles*), die ons in een Nederlandse tekst bewaard bleef in de editie van M. van Hoochstraten van circa 1520. De tekst moet echter reeds vroeger in het Nederlands vertaald zijn, zie H. PLEIJ, *1488:*, in: (Ed.) M.A. SCHENKEVELD-VAN DER DUSSEN, *Nederlandse Literatuur, een geschiedenis*. Groningen, 1993, p. 117 (ook vermeld in Pleij's *Sneeuwpoppen van 1511*, p. 182). De Nederlandse tekst werd recent vertaald en ingeleid door D. CALLEWAERT, *Die evangelien vanden spinrocke. Een verboden volksboek "zo waar als evangelie" (ca. 1510)*. Kapellen, 1992. Wij volgen de visie van Callewaert over de strekking van de tekst echter niet. Zie ook J.D. JANSSENS, *De middeleeuwen zijn anders*. Leuven, 1993, p. 132 e.v.

33. Zie D. CALLEWAERT, *Die evangelien vanden spinrocke metter glosen bescreven ter eeren vanden vrouwen*, in: *Volkskunde*, 91 (1990) 4, p. 261-274, m.n. p. 262 en p. 271.

13. Zogend zwijn met spinrokken en aap met haspel, onder en naast de evangelist Mattheus; zie ill. 5, Codex Vindobonensis 1857, fol. 31r., zie F. UNTERKIRCHER, p. 53 (onze noot 19).

14. Zittende non met spinrokken naast kater met spoel, in Maastrichts getijdenboek van ca. 1300, Londen, British Museum, Stowe Ms. 17, fol. 34, in: L.M.C. RANDALL, p. CIX, nr. 524 (onze noot 17).

in de buurt een eekhoorn (ill. 15). De eekhoorn kan in vele middeleeuwse teksten geïnterpreteerd worden als een eufemisme voor de geslachtsdelen. In de fabliau *De l'Escuirel* vraagt een maagd bij het zien van het mannelijk geslachtsdeel wat dat ding wel mag zijn. Waarop de eigenaar antwoordt: een eekhoorn. Verrukt vraagt het meisje hierna om het diertje te mogen vasthouden. In deze fabliau wordt het seksuele verlangen eufemistisch uitgedrukt[34]. Een combinatie van een kater, een klerk en een spinrokken is ook te vinden in het getijdenboek van Jeanne d'Evreux (vóór 1328). De kater staat voor geilheid, dwaasheid en het diabolische.

15. Monnik (franciscaan?) met spinrokken in de nabijheid van eekhoorn, in Londen, B.M. Stowe Ms. 17, fol. 113, in: L.M.C. RANDALL, p. XXV nr. 121 (onze noot 17).

Een heel andere opvallende illustratie komt voor in het handschrift Glazier 24, fol. 66 (nu in de Pierpont Morgan Library te New York). Het gaat om een Frans-Vlaams handschrift uit het midden van de veertiende eeuw met de incomplete tekst van de *Voeux du paon*. We zien een half ontblote man die klaar staat om een geweldige slag toe te brengen aan een vluchtende kater. De jager staat op een hybried honderas (ill. 16). Er zijn onmiskenbaar gelijkenissen met de scène uit de matière renardienne (de kater, de slag, het spinrokken, de (half) ontblote aanvaller). Als het

---

34. M. CAMILLE, *Image on the Edge*, p. 38.

16. Half ontblote man met spinrokken als wapen achtervolgt
kater, in fragmentarische *Voeux du paon*, midden veertiende
eeuw, New York, William S. Glazier Collection Ms. 24 (nu
P.M.L.) fol. 66, in: L.M.C. RANDALL, p. LXXI nr. 341 (onze
noot 17).

plaatje op een Re(y)na(e)rtverhaal geïnspireerd is, dan is hier sprake van
een uit elkaar groeien van tekst en illustratie[35].

Als we er tot slot de oudere en moderne lexica bij betrekken, wordt de
stelling van een mogelijk erotisch geladen spinrokken nog aannemelij-
ker. Twee voorbeelden: in E. Partridge, *A Dictionary of Slang and
Unconventional English* (New York, 1984, p. 95) wordt gemeld dat een
„spindle" een „penis" is, waarna de kwalificatie „low colloquial
English" volgt (maar: laat-negentiende-eeuws). „To make spindles"
betekent: „(of a woman) so to act as to make her husband a cuckold"
(zestiende-/zeventiende-eeuws). Verder betekent „to spindle" „spietsen
op een prikker". Het verwijst naar degene „who holds a spindle".
Omdat „spinnen" een vrouwelijke activiteit is, wordt van een man „who
holds a spindle" gezegd dat hij een homo is of masturbeert. Volgens
A. Joustra, *Homo-erotisch woordenboek* (Amsterdam, 1988, p. 58)

35. Wij verwijzen hier verder naar J.D. JANSSENS, *Marginaaltjes in het Gentse...?
Middelnederlandse literatuur als cultuurgeschiedenis*, in: (Ed.) C. DE BACKER,
Cultuurhistorische caleidoscoop. Aangeboden aan Prof. Dr. Willy L. Braekman. Gent,
1992, p. 313-342. Janssens verwijst naar een marginaaltje in het beroemde Rothschild-
handschrift (Parijs, privé-col. fol. 130r) met een kat(er) die naar de genitaliën van een
naakte man springt (ill. 17).

wordt in het jargon van iemand die lesbisch is gezegd: „die werkt op de kaarsenfabriek". Ook Heestermans beklemtoont het erotische beeldkarakter van het spinnen. Hij citeert het voorbeeld: „Mijn moeder plach te spinnen, des en doet si niet, Den tijt en is niet lange gheleden" (*Antwerpsch liedboek*, lied CXLIX).

Bovenstaande opmerkingen bewijzen enkel dat het spinrokken erotische associaties kon hebben. Of dit in *Van den vos Reynaerde* het geval is, is niet eenduidig op te maken. In elk geval wordt de „pape" afgebeeld als een verwijfd wezen omdat hij het spinrokken als wapen hanteert. De omkering van de wapens wordt consequent doorgetrokken in de activiteiten van man en vrouw. In de Bruunscène deelde de „pape" de bevelen uit (en de aflaten voor een heel jaar om Julocke te redden). In de Tibeertscène wil Julocke als „plaatsvervangend gezinshoofd" de

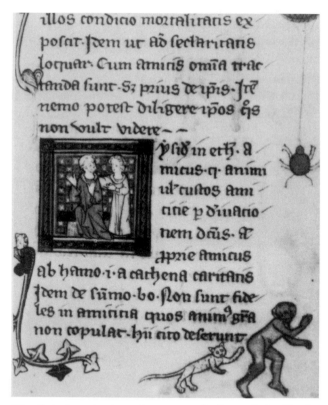

17. Kat bespringt naakte man, Parijs, privé-collectie, Rothschild Ms. fol. 130r. Vlaams, ca. 1300, zie: J.D. JANSSENS, *Marginaaltjes...*, p. 338 (onze noot 35)

offerande van een heel jaar wegschenken. Haar vloek is erg krachtig en tevens een duivelaanroeping: (A 1276) „Int sleets duvels name". De omkering wordt volledig gerealiseerd wanneer de ontroostbare vrouw haar in zwijm gevallen echtgenoot optilt: „met haerre cracht/Ende drouchene recht te bedde waert" (A 1302-1303).

Omdat hij verwijfd is, wordt de pastoor door de kater van zijn manne-lijkheid beroofd. Dit gegeven komt ook sterk tot uiting in de *Reynardus vulpes*, waar na de „castratiescène" een expliciete moralisering is toege-voegd, waar naar het verwijfd-zijn van de herder wordt verwezen:

> „Hiermede wordt uitstekend de levenswandel afgebeeld van priesters die zedeloos zijn en ontucht bedrijven: terecht worden ze ontbloot - maar dan van deugd en schaamte – genoemd, omdat ze zich in 't geheel niet voor hun misdaad en ontucht schamen. Hun testikels verliezen ze, omdat ze door het kwaad verwijfd zijn en door slap optreden in gebreke blijven mannen te zijn: zo worden ze het volk ten spot en onteren zij zich door ontucht en door het kwaad van zwelgerij."[36]

„De" dorpspastoor wordt voor zijn ontucht gestraft door het verlies van zijn klepelspel. Door deze ingreep wordt hij getroffen in het lichaamsdeel dat het meest nadrukkelijk met zijn zondige staat geassocieerd wordt.

*   *
*

Een ander interessant gegeven is de identiteit van de executeur. De kat werd in de middeleeuwse literatuur en iconografie, zoals reeds gezegd, veelal met geilheid verbonden[37]. De kater, die in de pastoorsschuur het klepelspel van de pastoor beschadigt, had al eerder de worst van de molenaar gestolen.

---

36. R.B.C. HUYGENS, *Reynardus vulpes. De Latijnse Reinaert-vertaling van Balduinus Iuvenis.* (Zwolse drukken en herdrukken, 66.) Zwolle, 1968, p. 78-79.
   Designantur in hoc bene mores presbiterorum
   qui sunt incesti luxuriamque colunt:
   dicuntur merito nudi virtute, pudore,
   cum nichil hos sceleris luxurieque pudet.
   Testiculos perdunt, cum per male sunt muliebres .
   actibus et fugiunt mollibus esse viri:
   sic in derisum populi veniunt, inhonorant
   se per luxuriam perque gulosa mala. (L 555-562).
37. Wij verwijzen hier naar de gegevens in D. BAX, *De ontcijfering van Jeroen Bosch*, p. 175 en in de licentieverhandeling van D. KINABLE, *Van den vos Reynaerde en Reinaerts historie in een receptie-esthetisch perspectief*, Leuven, 1982, p. 49-51. Hij ver-wijst naar een vijftiende-eeuws handschrift van de *Canterbury Tales*, waar de kat bij de

De worst en vooral de molenaar zijn in talrijke middeleeuwse teksten, zeker in verbinding met de kater, naar alle waarschijnlijkheid te associëren met geilheid en (ongeoorloofde?) seksualiteit. Een zoektocht naar vergelijkbaar materiaal levert resultaten op. De molenaar heeft een zeer slechte reputatie[38]. Hij stond vooral bekend als een dief: hij hield een deel van het graan en hij verslechterde de kwaliteit door zand toe te voegen. Molens lagen veelal afgelegen, wat de volksfantasie stimuleerde. Er bestond ook molenprostitutie. De „miller" uit Chaucers *Canterbury Tales* is berucht om zijn potentie. Ook de rode baard van de molenaar (v. 552 „His berd as any sowe or fox was reed") is een teken van zijn wilde en perverse natuur. De molenaar wordt in de „General Prologue" gedefinieerd als de man die goed de doedelzak kon bespelen („A baggepipe wel koude [...] blowe and sowne", v. 565)[39]. De doedelzak staat eveneens voor de seksuele lust en de geilheid. De molenaar werd door G. Kalff de Don Juan van het volkslied genoemd[40]. Claes Molenaar is in „Een nyen liedeken van Claes molenaer" in het *Antwerpsch liedboek* van 1544 een geducht tegenstander van alle vaders en echtgenoten in „Bruinswijc". Wanneer de molenaar gearresteerd wordt, zijn de reacties sterk uiteenlopend: „hoe weenden die vrouwen, hoe loeghen de man!" (v. 10). De schout krijgt van Claes lik op stuk:

vertelling van de "parson" als rijdier van Invidia met geilheid verbonden wordt. De demonische kat komt voor in de Marialegende *Van een prochypape*, (Ed.) C.G.N. DE VOOYS, *Middelnederlandse Marialegenden*. Dl. 1. Leiden, [z.j.], p. 203: v. 21-22: "Doe sach hi duvelen [in catten ghelijc] daer staen om des rike mans bedde" en in *Nu noch* v. 162-163 (Ed. P. LEENDERTZ, *Middelnederlandsche dramatische poëzie*, p. 208). Van de "helsche cater" is verder nog sprake in *Die hexe*, v. 26 (Ed. P. LEENDERTZ, *a.w.*, p. 115).

38. Zie o. a. W. DANCKERT, *Unehrliche Leute. Die verfemten Berufe*. Bern/München, 1963, p. 125-145. Op p. 131 e.v. verwijst Danckert naar de "Müllererotik": "Die Zahl der erotischen Mühlenschwänke im Volkslied aller abendländischen Nationen ist fast unübersehbar." (p. 133). Verder: A. BLOK, *Infame beroepen*, in: *Symposion*, 2 (1981), p. 104-128, m.n. p. 114-115; en H. PLEIJ, *Over een cultuurhistorische benadering van Middelnederlandse teksten: flirten met Dracula?*, in: (Ed.) F.P. VAN OOSTROM en F. WILLAERT, *De studie van de Middelnederlandse letterkunde: Stand en toekomst*. Hilversum, 1989, p. 18.

39. Wij citeren uit (Ed.) L.D. BENSON, *The Riverside Chaucer*. (3de druk.) Boston, 1987. Zie verder de illustratie van een vos die doedelzak speelt in een Brugs getijdenboek van circa 1425 door meester Goudranken - hs. Leuven, U.B., A 3. Afbeelding in: R. VAN DAELE, *De vos die je ziet, ben je zelf*, p. 32 (Afb. 1), en onze afbeelding 10. Eenzelfde afbeelding van vos en doedelzak is te zien op een zittertje in de kathedraal van Oviedo (met dank aan professor Elaine Block).

40. G. KALFF, *Het lied in de Middeleeuwen*. (Onveranderde herdruk.) Arnhem, 1966, p. 412.

„Heer schoutert, ghi hebt drie dochterkijn.
Ghi meent dat se alle drie maechden zijn,
Maer lacen, si en zijn gheen van allen!

Die eene dat is mijn minnekin,
Die ander draecht van mi een kindekijn,
Ende bi die derde hebbe ic geslapen!"

...

In alle Bruyningen en staet niet een huys,
Daer en gaet een jonge Claes molenaer uyt
Oft een vrou molenarinne![41]

Andere liederen waarin de molenaar een slechte reputatie heeft zijn „Daer was een goelijc molenaer" (lied nr. CLXXVIII in het *Antwerpsch liedboek*, waarin een vrouw vraagt: „wildi mi malen":

Molenaer als ghi mi malen wilt
So maelt mijn corenken wel
Steect een steecxken diepere
Het helpt mi also wel
Ten is gheen kinder spel
Ja, ia, twaer grote scade liept coren op velt
Het ghelt so grooten ghelt

Er wordt gemaald van 's morgens vroeg tot 's avonds laat), „Een nyeu liedeken van den molenaers knecht" (LXII) en „Een oudt liedeken" (XXI), waarin elke strofe afsluit met:

Ick en mach niet meer ter molen gaen.
Hillen billen mettten iongen knechten
Stampt stamperken stampt, stampt hoerekint stampt
Stampt stamperkin inde molen.

Het „molenarinneken" deelt de reputatie van Claes. Zij is een expert in het „malen". Naast het malen wordt ook de meelbuidel in overdrachtelijke zin gebruikt.

Ook het van de molenaar gestolen object in het Reynaertverhaal is mogelijkerwijze te plaatsen in de scabreuze sfeer. De worst is een

---

41. Geciteerd uit: (Ed.) W.Gs HELLINGA, *Een Schoon Liedekens-Boeck*. 's-Gravenhage, 1941, p. 11-12. Ook geciteerd door H. HOFFMANN VON FALLERSLEBEN, *Horae Belgicae. II. Niederländische Volkslieder*. Hannover, 1856. Lied nr. 55, p. 135-136.

fallussymbool; ze komt in die hoedanigheid onder andere voor op de prenten en schilderijen van Bosch, Huys, Steen en Dürer. In een toneeltekst van Anthonis de Roovere veinst de schrijver jonge meisjes te prijzen:

> Sy scaemen hem, daer men worsten ziet,
> Want zen ghaen met den blooten borsten niet,
> Noch metten voorhoofde tot der crunen bloot[42].

De molenaarsscène in *Van den vos Reynaerde zou* op de castratie van de molenaar *kunnen* wijzen. Wanneer we dus de kater de ware toedracht horen vertellen, dan mogen we onze verbeelding geen halt toeroepen.

> Dat Cortoys claghet nu,
> Dats over menich jaer ghesciet.
> Die worst was mine, al en claghic niet.
> Ic hadse bi miere lust ghewonnen
> Daer ic bi nachte quam gheronnen
> Omme bejach in eene molen,
> 120 Daer ic die worst in hadde ghestolen
> Eenen slapenden molen man.

De combinatie van kater en fallus komt nog voor op een zittertje van het vijftiende-eeuwse koorgestoelte van de Sint-Pieters te Leuven, waar een kat met een fallus in zijn mond afgebeeld staat. Ook een aantal afbeeldingen in de marges van middeleeuwse handschriften lijkt dezelfde situatie uit te beelden. Invloed van het Reynaertverhaal is niet uit te sluiten.

Naamgeving

Niet alleen in de Tibeertscène komt de dorpsgemeenschap slecht uit de verf. Hetzelfde geldt voor de Bruunscène, ook al ligt het hier iets minder duidelijk. Bruun wordt in het dorp gevangen in een opengekliefde boomstam en nadien ontdekt door de timmerman. Die verwittigt heel het dorp. Een „mekel heere" komt afgestormd.

> 780 Doe was daer lettel ghedinghet.
> Hem naecte groet onghemac:
> Die een slouch, die ander stac,
> Die een slouch, die ander warp.
> Lamfroyt was hem alre scaerpst.

42. D. BAX, *Ontcijfering van Jeroen Bosch*, p. 176.

785 Een hiet Lottram lanc voet.
Hi drouch eenen verboerden cloet
Ende stacken emmer na dat hoghe.
Vrauwe Vulmaerte, scerpe loghe
Ghinckene koken met eenen stave.
790 Abelquac ende mijn vrauwe Bave
Laghen beede onder die voete
Ende streden beede om eene cloete.
Ludmoer metter langher nese
Drouch eenen loedwapper an een pese
795 Ende ghincker met al omme zwinghen.
Ludolf metten crommen vingheren
Dede hem alles te voren,
Want hi was best gheboren,
Sonder Lamfroy alleene.
800 Hughelijn metten crommen beene
Was zijn vader, dat weet men wale,
Ende was gheboren van Abscale
Ende was sone vrauwe Ogernen,
Eens hout makigghe van lanternen.
805 Ander wijf ende ander man,
Meer dan ic ghenomen can,
Daden Brunen groet onghemac
So dat hem zijn bloet huut lac.

De naamgeving is transparant en is de indicatie van een sociale ruimte. De naamgeving verwijst naar innerlijke kwaliteiten („Nomen est omen") en is een sleutel van de literaire werkelijkheid. „Lottram lanc voet", „vrauwe Vulmaerte", „Abelquac", „Bave", „Ludmoer metter langher nese", „Ludolf metten crommen vingheren", zoon van „Hughelijn metten crommen beene" en „vrouwe Ogerne" worden naast Lamfroyt als inwoners van het dorp genoemd.

De naamgeving van de dorpers wordt bepaald door een aantal formele principes dat ook gebruikt wordt voor de helden uit de ridderroman. Zoals dikwijls het geval is in de ridderroman dragen de bewoners allitererende namen (*L*ottram *l*anc voet, *L*udolf metter *l*angher nese, *L*udmoer en *L*amfroyt). De genealogie van „Ludolf metten crommen vingheren" zorgt voor enige hilariteit en verwarring. Die verwarring heeft de dichter bewust ingebouwd. Hoe zit het nu precies? Is Hughelijn nu de vader van Lamfroyt of van Ludolf? En is Ogerne nu de vrouw of de moeder van Hughelijn? De verwarring opent natuurlijk een spel van tekstuele en intertextuele mogelijkheden. De dorpelingen worden grondig belachelijk gemaakt door hun banale afstamming. Daarom lijkt het waarschijnlijker dat de kromme ledematen in de familie van vader op zoon werden geërfd en dat Ogerne de moeder is van Ludolf. Wij willen ons verder concentreren op Ogerne. De naam van deze vrouw zou nu, op voorstel van Hellinga, kunnen vertaald worden als „O graag". Ogerne, eens „hout makigghe van lanternen", verwijst naar seksuele capaciteiten en verlangens. Wellicht is ook haar beroep hiermee te verbinden: zij die slappe kaarsen weer wist recht te maken. Zij kon in een ver verleden („eens") wat krom was, weer recht maken (A 804).

In het *MNW* betekent een lanterne een kaars, of een huisje van glas of hoorn waarin een kaars of een ander lichtje brandt. Het besproken Reynaertvers wordt in het *WNT* onder deze laatste betekenis geklasseerd. Van een overdrachtelijke obscene betekenis wordt geen gewag gemaakt. In het *WNT* wordt een aantal figuurlijke toepassingen en zegswijzen besproken, maar men vindt er geen verklaring in de richting van een eufemisme, zelfs niet bij de weinig aan duidelijkheid overlatende (jonge) vermelding: „Wat is toch en Wijf songder Man? Pas so veul as en Lantaren sonder kaers, die niemant lichten kan"[43]. Er komt zelfs geen voorbeeld wanneer als betekenis „voorwerpen die in hun vorm eenige overeenkomst vertoonen met eene lantaren" vermeld wordt. Het bestaande apparaat helpt ons geen stap verder. Chaucer gebruikte in *The Canterbury Tales* volgens Th.W. Ross zowel „candle" als „lantern" in obscene zin. In *The Wife of Bath's Prologue* v. 332-336: „Ye shul have queynte right ynogh at eve./He is to greet a nygard that wolde werne/A man to lighte a candle at his lanterne;/He shal have never the lasse light, pardee./Have thou ynogh, thee thar nat pleyne thee"[44]. Ook de *Middle English Dictionary* vermeldt dat „zijn kaars aansteken aan iemands lantaarn" een eufemisme is voor gemeenschap

43. *WNT*, VIII, 1, kol. 1080. (Citaat uit J. Franssoon, *Giertje Wouters*. (3de druk.) Amsterdam, 1640, 1).

44. (Ed.) L.D. BENSON, *The Riverside Chaucer*. In Chaucers *The Book of the Duchess* (v. 963) wordt het beeld gebruikt dat men het licht dat gegeven wordt moet aannemen. De kaars-en-lantaarn-metaforiek komt ook in *Troilus and Creyside*, v. 543 voor. Zie Th.W. ROSS, *Chaucer's Bawdy*, p. 53-54 en p. 128.

In de vertaling van A.J. BARNOUW, *Geoffrey Chaucer. De vertellingen van de pelgrims naar Kantelberg*. Antwerpen/Utrecht, 1980: "Je zult nog leute zat in de avond hebbe'./Dat is te schriel een kerel die niet garen/Ziet dat een aêr zijn kaars aan zijn lantaren/Opsteekt. Is hij er armer om aan licht?"

hebben (met andermans vrouw). De kaars wordt veelal geassocieerd met de fallus, de lantaarn met het vrouwelijk geslachtsorgaan.

Omdat in de dorperscène nogal wat namen en attributen een dubbel-zinnig en schunnig statuut hebben, lijkt het gewettigd om het beroep van Ogerne inderdaad in de erotische context te situeren. Aangezien het beroep van kaarsenoplapster en de eigennaam Ogerne met elkaar ver-bonden zijn, is de gissing dat Ogerne een lichtekooi is, de vrouw van hoorndrager Hughelijn, de meest waarschijnlijke.

Het resultaat is dat de naamgeving van de dorpers de semantische vel-den van de obsceniteit, de lelijkheid en de smerigheid voedt. Deze aspecten worden in de hoofse literatuur geassocieerd met de negatieve dorpelingen.

Formeel gezien (alliteraties, afkomstnamen, epitheta die eerbiedwaar-dige kenmerken of daden vermelden) gelijken de namen op die van de helden uit de ridderroman, inhoudelijk gezien zijn ze boertig en grof en ontluisteren ze hun bezitters. Er is een anomalie tussen de formele aspecten en de eigenlijk inhoud van de naam. Ook de activiteiten en de wapens van de dorpelingen functioneren op gelijkaardige wijze. De dor-pers strijden met de wapens zoals ridders. Maar die wapens zijn de spul-len die ze van hun werk meebrengen: bezems, dorsvlegels, harken, bij-len, stokken, een stok met een hoornen bol en het spinrokken. Het gaat om minderwaardige gevechtstechnieken en on-ridderlijke wapens. Ze karakteriseren de onhoofse strijders. Ook de activiteiten van de dorpers roepen weer het smerige en het erotische op: Vulmaerte bewerkt de beer zo hard dat hij moet pissen (heeft het werkwoord koken ook een eroti-sche betekenis?[45]) terwijl Abelquac en Bave de beer proberen te castre-ren en onderling strijden, rollend op de grond, om een van zijn testikels te bemachtigen...

Ook in de Franse Renartteksten komen dergelijke personages voor. In *Le plaid*, de directe bron van onze *Reynaert*, staan in de naamgeving van de dorpers vooral de stank, de primaire driften en de lage afkomst centraal. Steeds worden dezelfde semantische velden gebruikt ter

---

45. Hier is nog een tweede lezing mogelijk. "Scerpe loghe" zou ook een bepaling kunnen zijn bij Vulmaerte. Het zou dan functioneren als een bedenkelijk epitheton ornans. De lezing zou dan zijn: Vulmaerte (met de) scherpe pis, bereidt hem een pak slaag.

Een erotische lectuur van koken is onzes inziens mogelijk in "Een man met een lus-tich vrauken ghepaert,/Tes wonder wat dat zy tsamen coken" (*MNW*, III, kol. 1684 ver-wijst naar Z.Vl. Bijdr. 6, 331, 127) en wordt verklaard als "wat die al niet uitrichten". In het *WNT*, VII, 2-2 kol. 5074 wordt "koken" onder andere ook verklaard als: "ten gevolge van hartstochten of gedachten: in hevige beroering, beweging zijn".

karakterisering: wreedheid, perversiteit en smerigheid. Enkele voorbeelden volstaan: op de gewelddadigheid van de dorpers wijzen „Hurtevilain" (Roq. 657), „Otrans li cous de l'Anglee" (de kloot of hoorndrager < „cocu")/Qui sa fame avoit estranglee" (a 652-653). In „li cous de l'Anglee" gaat het om de negatieve kwalificatie van de bedrogen echtgenoot (de hoorndrager) en staat de seksualiteit centraal. Op de perversiteit van de dorpsgemeenschap wijzen verder de namen „Baudoïn Porteciviere, qui fout sa fame par derrieres" (Roq. 659-660), „Joudoïn Trouseputain" (in Roq. 658); op de smerigheid: „Trosseanesse la puant, qui por la moche va fuiant" (Roq. 663-664)[46].

De klacht van Pancer

We hebben geconstateerd dat in het Reynaertverhaal een isotopie van het obscene aanwezig is, die gevoed wordt door de naamgeving, door eufemismen en de beeldspraak. Opvallend is dat in de „castratie" in de Tibeertscène nogal wat van deze „double talk" gevoed wordt door religieuze beelden. De religieuze komiek was typisch voor de middeleeuwse literatuur.

In de matiere renardienne behoort de seksualiteit voornamelijk (maar niet uitsluitend) tot de wereld van het dorp en tot de wereld van de vos.

Het samenvallen van de semantische velden van religie en erotiek is in het Reynaertverhaal *wellicht* ook reeds in het begin van het verhaal aan de orde in de klacht van Pancer de bever. Pancer had Cuwaert en zijn leermeester Reynaert samen aangetroffen terwijl ze bezig waren het credo aan te leren om de haas „capelaen" te maken. Laten we de passage volledig onder ogen nemen.

126 Pancer de bever sprac: „Dinct hu goet,
    Tybeert, datmen die claghe ombeere?   achterwege zou laten
    Reynaert es een recht mordeneere
    Ende een trekere ende een dief.   bedrieger

    ...

135 Wat sechdi van eere laghe?
    En dedi ghistren in den daghe
    Eene die meeste overdaet

---

46. Wij citeren naar de editie M. ROQUES, *Le Roman de Renart. Première branche....* (Les classiques français du Moyen Age.) Parijs, 1982, familie ß (= Roq.); en naar N. FUKUMOTO, Notes sur la tradition manuscrite du "Roman de Renart"-B.N. Paris, nouv. acq. fr. 10035 (= ms. a), in: *Bulletin de l'université Soka*, (1991-2), nr. 15.

An Cuwaerde den hase die hier staet,
Die noyt eenich dier ghedede?
140 Want hi hem binnen sconinx vrede
Ende binnen des coninx gheleede
Ghelovede te leerne sinen crede
Ende soudene maken capelaen.
Doe dedine sitten gaen
145 Vaste tusschen sine beene.
Doe begonsten si over eene   gezamenlijk
Spellen ende lesen beede
Ende lude te zinghene crede.
Mi gheviel dat ic te dien tijden
150 Ter selver stede soude lijden.   voorbij kwam
Doe hoerdic haerre beeder sanc
Ende maecte daer waert minen ganc
Met eere arde snelre vaerde.
Doe vandic daer meester Reynaerde
155 Die ziere lessen hadde begheven   opgegeven
Die hi te voren up hadde gheheven,   was begonnen
Ende diende van sinen houden spelen   en speelde zijn
                                 oude spel

Ende hadde Coewaerde bi der kelen
Ende soude hem thoeft af hebben ghenomen,
160 Waer ic hem niet te hulpen comen
Bi avontueren in dien stonden.   toevallig, op dat moment

Er is onder de Reynaertexegeten geen consensus over de interpretatie van deze passage. Dat het hier om een scabreuze toespeling zou gaan, meenden André Bouwman en wijzelf tegelijkertijd en onafhankelijk van elkaar te kunnen bewijzen dank zij een dertiende-eeuwse afbeelding van deze scène, die is overgeleverd als randversiering in drie handschriften[47].

47. Deze drie randversieringen zijn afgebeeld in L.M.C. RANDALL, *Images in the Margins of Gothic Manuscripts*, 1966, resp. nrs. 193-194-195. Randall verwisselt echter de nummers 193 en 194. Het gaat om de handschriften:

1. Chester Beatty Library, Dublin, 61, fol. 61r (afb. onder andere op de kaft van A.Th. BOUWMAN, *Reinaert en Renart. Het dierenepos "Van den vos Reynaerde" vergeleken met de Oudfranse "Roman de Renart"*. (Nederlandse literatuur en cultuur in de middeleeuwen (NLCM), III); en in (Ed.) F.P. VAN OOSTROM, *Misselike tonghe. De Middelnederlandse letterkunde in interdisciplinair verband*. (NCLM, V.) Amsterdam, 1991, p. 53). Het handschrift is een Latijns psalterium uit Vlaanderen uit de tweede helft van de dertiende eeuw;

2. K.B. Brussel, 10607 f. 86r (afb. onder andere op de rug en de achterkant van de wikkel van J.D. JANSSENS, *Het Comburgse handschrift* en p. 190), een Latijns psalte-

18. Vos neemt haas tussen de knieën, Brussel, Koninklijke Bibliotheek, 10607, fol. 86r. Zie J.D. JANSSENS, p. 190 (onze noot 4 en 47)

Een eerste komt voor in het getijdenboek van de Vlaamse graaf Gwijde van Dampierre (ill. 18). We hebben in onze Reynaertcommentaar uit deze iconografische scène en het fragment in *Van den vos Reynaerde* in navolging van F. Buitenrust Hettema, W.Gs Hellinga, F. Lulofs en A.Th. Bouwman afgeleid dat het hier zelfs om een homofiele relatie tussen vos en haas zou gaan. De eerstgenoemden beschikten niet over de illustraties van deze scène. Bouwman en wijzelf meenden dit nu bewezen te hebben[48].

Toch is hierover geen volledige zekerheid. In een recensie van onze Reynaertcommentaar in het recente Davidsfondsboek over het

rium van Gewijde van Dampierre, Vlaanderen, 1266-1275;

3. Ten slotte Yale University Library, 229, fol. 133v, een handschrift van de *Lancelot del Lac* uit Picardië -J.D. Janssens meent dat het zelfs een Vlaams hs. zou kunnen zijn (ca. 1280-1290). Zie voor de bespreking van deze prent ook R. VAN DAELE, *De vos die je ziet, ben je zelf*, p. 28-29; en A.Th. BOUWMAN, *Reinaert en Renart*, p. 567 noot 34.

Deze passage is niet alleen van belang voor de interpretatie van deze scène, maar is als oudste iconografische bron van een Middelnederlands Reynaertavontuur uitermate belangrijk voor de receptie van het Reynaertverhaal, zowel wat het publiek van *VdvR* betreft (in een psalterium uit de kringen van de Dampierres en in een Franse Lancelottekst), als de populariteit van de tekst.

48. Zie onze commentaar van deze scène in (Ed.) J.D. JANSSENS, *Het Comburgse handschrift*, p. 217.

Comburgse handschrift in *Tiecelijn*[49] trok P. Wackers drie bevindingen van de Reynaertinterpretatie van deze scène tot nu toe in twijfel: 1. „kapelaan maken" is masturberen, 2. het credo zingen zou de geslachtsdaad aanduiden en 3. de afbeeldingen van deze scène bewijzen de homofiele toespelingen. Wackers meent terecht dat er in geen enkele commentaar een middeleeuwse bewijsplaats wordt gegeven voor de dubbelzinnige betekenis van „capelaen maken". De bewijsplaatsen voor het „credo leren" betreffen allen heteroseksueel verkeer. Bovendien is het argument van het plaatje dubieus omdat men in een cirkelredenering dreigt te vervallen: de tekst is obsceen omdat het plaatje obsceen is, en dit terwijl de tekst primair is. Homoseksualiteit zou in de middeleeuwen feitelijk „nefandum", onbespreekbaar zijn[50]. Extra toelichtingen over die homoseksuele relatie zijn er in de tekst niet. Het gaat volgens sommige exegeten om een momentane gebeurtenis die in het verdere verhaal geen rol speelt. Volgens Wackers dient deze scène eerder geïnterpreteerd te worden als spot op de geestelijkheid: „je bent al kapelaan als je het Credo kunt opzeggen"[51].

Wat de spot op de geestelijkheid betreft, heeft Wackers gelijk. Hellinga's visie betreffende het masturberen[52] volgen ook wij niet. Hellinga heeft daarvoor inderdaad geen enkel bewijs.

Toch zijn wij ervan overtuigd dat deze spot verder gaat dan het hoongelach om het intellectuele peil van de lagere geestelijkheid. We hebben reeds de problemen opgesomd van een dergelijke interpretatie. We kunnen hoogstens besluiten tot een zekere waarschijnlijkheidgraad. We proberen het obscene in deze passage duidelijker te maken via enkele omwegen door aan te tonen dat het seksuele discours zich vaak bedient van kerkelijke beeldspraak.

49. P. WACKERS, recensie van (Ed.) J.D. JANSSENS, *Het Comburgse handschrift*, in: *Tiecelijn*, 5 (1992) 2, p. 75-80. Ook gepubliceerd in: (Ed.) R. VAN DAELE e.a., *Reynaert bloemleest Tiecelijn*. Sint-Niklaas, 1993, p. 194-200.

50. Zie A.M.J. VAN BUUREN, *Eer en schande in enkele laat-Middelnederlandse literaire teksten*, in: (Ed.) G. HEKMA en H. ROODENBURG, *Soete minne en helsche boosheit. Seksuele voorstellingen in Nederland 1300-1850*. Nijmegen, 1988, p. 23-41, m.n. p. 31.

51. Hij voegt eraan toe dat inzicht in de verhouding tussen privé-leraar en adellijke pupil misschien meer klaarheid in dit probleem zou kunnen brengen. Terecht besluit hij dat de Cuwaert-Pancer-passage "tot de meest enigmatische delen van de *Reynaert* behoren." Zie P. WACKERS, recensie van (Ed.) J.D. JANSSENS, in: *Tiecelijn*, p. 80.

52. W.Gs HELLINGA, *Het laatste woord is aan Firapeel*, in: *Maatstaf*, 6 (1958), p. 353-373, m.n. p. 362.

In de Tibeertpassage zagen wij dat voor de beschrijving van het seksuele dikwijls gegrepen wordt naar beelden uit de geestelijke sfeer (het beiaard spelen en het luiden met de „clipelen" als eufemismen voor seksueel verkeer). We willen nu aantonen dat het vermengen van religieuze en erotische velden niet alleen in het dorp in de *Reynaert* gebeurt, maar dat deze vermenging in de Middelnederlandse literatuur regelmatig te constateren is, onder andere in liederen, boerden, sproken en kluchten. Steeds betreft het heteroseksueel verkeer en meestal zijn er geestelijken in het spel. We geven voorbeelden van „te biechten gaan", „het credo zingen", „de hemel zien of ingaan" „ten offer gaan", „de kapel inwijden" en „monnik maken".

Het horen van de biecht wordt in *Die evangelien vanden spinrocke* met het seksuele verbonden: „En in haar oude dag ging ze ter schepe met de paap van het dorp... die dag en nacht haar biecht hoorde"[53]. In Van Hildegaersberchs boerde *Vanden monick*[54] gaat een „welgheboren schone maghet" ter vergeving van haar zonden naar een broeder omdat „si wilde wesen vroeder,/Hoe sy ten hemel comen soude". De tekst vermeldt: (v. 55) „Si sprac hoer biechte mit begheren":

> Alsoe langhe ghincse ende keerde,
> Dat stonde stelen leerde,
> Entie broeder diende hoir mit half sesse,[[55]]
> Ende si verstont van sijnre lesse
> Tpater noster entie crede,
> Soe dattet wide van haren clede
> Begonde te vollen in die zyden, (v. 57-63).

In deze boerde met dubbele moraal wordt een monnik door de duivel van zijn geslacht beroofd nadat hij een slippertje maakte. Wanneer de clericus na vele beschuldigingen zijn gehoor van zijn onschuld wil

---

53. Citaat en vertaling in D. CALLEWAERT, *Die evangelien vanden spinrocke*, p. 269. Het betreft de inleiding tot de gesprekken van de dinsdag.

54. (Ed.) W. BISSCHOP en E. VERWIJS, *Gedichten van Willem van Hildegaersberch*, 's-Gravenhage, 1870, nr. LXXXV, p. 179-181. Zie Th. MEDER, *Sprookspreker in Holland. Leven en werk van Willem van Hildegaersberch (circa 1400)*. (NLCM, II.) Amsterdam, 1991, p. 380-382.

55. Dit "half sesse" is misschien een voorbeeld van onopgehelderde dubbelzinnigheid. W. BISSCHOP en E. VERWIJS, *Gedichten van Willem van Hildegaersberch*, p. 326-327 meenden eerst dat dit "aan den wijzer van een uurwerk ontleend" zou zijn (p. 276). Zij verklaren dit uiteindelijk als "half sesse" = drie. Het gaat om "de eigenaardige drieëenheid aangeduid van 'den vede mitten ghegaden'". Th. MEDER, *Sprookspreker*, p. 623 noot 37 suggereert als verklaring voor "half sesse" een verband met het dobbelspel waar termen bekend zijn zoals "deus aes" en "sijs".

overtuigen, trekt hij zijn pij open. Op dat moment tovert de duivel zijn klepelspel terug. Niet alleen de biecht, maar ook „Tpater noster entie crede" zijn met seksuele betekenis geladen. Muller verwijst verder nog naar het *Rostocker niederd. Liederb. v. J. 1478*, nrs. 24-25-26 (bijv. nr. 24 str. 5: Een betrapte „pape" zegt tot de bedrogen echtgenoot: „Dat ik hir ghekomen byn,/Dat is mit iuwen fromen./Juw frowe heft mir ghebeden Leren er den creden"). Een ander voorbeeld is lied 86 van het *Gruuthuse*-handschrift, „Ic sach een scuerduere open staen", waarin de ik-figuur in een schuur in het vlas een „zusterkijn" en een broeder betrapt: „Daer hoordic dat dat zusterkijn/Den cokerduunschen zouter las"[56]. In lied 48 van de *Horae Belgicae*[57] vraagt een monnik aan een non om zijn „boelken" te zijn in ruil voor zijn monnikskap. Hij nam ze bij de hand en

> hi leidese al om den ommeganc.
> > Vaer hen!
> Hi leidese achter dat outaer,
> hi leerde haer den souter daer.
> > Vaer hen!
> Hi las haer daer den corten crede,
> den ave salus ghinc ooc mede.
> > Vaer hen!
> 'Och lieve moninc, laet wacker gaen!
> ic sie den hemel open staen.'
> > Vaer hen!   (v. 4-7)

Het gevolg hiervan is dat zij de hemel ziet openstaan en dat hij ten hemel vaart.

Naast het psalter lezen komt in onze Middelnederlandse literatuur ook het „offer ontfaen" voor als seksuele metafoor. In de klucht van *Playerwater* stuurt een „doodzieke" vrouw haar man Werenbracht naar

---

56. Zie ook J.W. MULLER, *Exegetische commentaar*, p. 27-28; K. HEEROMA, *Liederen en gedichten uit het Gruuthuse-handschrift. I.*, Leiden, 1966, p. 416. Over de interpretatie van deze scène is geen eensgezindheid. "Cokerduunschen zouter" slaat op "een boek met onechte, niet erkende of verboden psalmen of liederen" (Verdam). Verdam interpreteerde dit als vleselijke gemeenschap hebben. (Hieruit blijkt dat onze bovengaande opmerkingen over de preutsheid van het *MNW* niet in alle gevallen gelden.) Heeroma is het hier niet mee eens en meent dat het gaat om "tedere of aanmoedigende woorden toespreken". Wij opteren hier voor de verklaring van Verdam vanwege het vers dat erop volgt: "Die cucule [de man met het ordegewaad], die daer upperst was,/Die docht mi draven als een paert".

57. H. HOFFMAN VON FALLERSLEBEN, *Horae Belgicae. II. Niederländische Volkslieder.* Hannover, 1856, lied 48, p. 124-125.

Ostland om het helende „playerwater". 's Avonds krijgt ze steun van „enen pape". 's Morgens ontmoet Werenbracht een „man"[58] die hem de ware toedracht vertelt. De ziekte van Werenbrachts vrouw is dat ze „den blijndeman te leijen [pleegt]/Int foereest van Venis palen" (v. 117-118). Haar medespeler is een „pape of een capellenlaen" (v. 123), waarop Werenbracht zich afvraagt: „Wat necker, sou sij daer af den offer ont-faen?" (v. 124).

In *De pastoor van Kalenberg* koopt de pastoor, die door zijn bisschop verplicht wordt alle kerkwijdingen bij te wonen, de maîtresse van de bis-schop om en verbergt zich onder het bed terwijl de bisschop naar haar kamer komt. Die kamer is omgevormd tot een kapel. De pastoor ensce-neert nu een heel speciale kerkwijding om aan deze vervelende karwei te ontsnappen. De minnares vraagt aan haar geestelijke minnaar eerst: „Dus moet gy mijn capelle wijen die ghefondeert staet ontrent mijnen buyc, of gy en sult desen nacht van my gheen vriendtschap ghecrijghen" (v. 489-491). De bisschop zal de kapel dan ook daadwerkelijk inwijden: „De bisschop ghinck ten laetsten te bedde by sijnen boele/ende hy dede al haer begheeren, ende hy begonste te wijen/haer nederste capelle nae sijn beste vermogen."(v. 494-496)[59]. Deze voorbeelden slaan allemaal op overspelig seksueel verkeer.

Het „capelaen maken" in de *Reynaert* gaat niet over overspel, maar het is een beeld uit de kerkelijke sfeer. Wij vragen ons af of spot op de geestelijkheid in deze context voor het verhaal functioneel is. De klacht van Isegrim gaat over overspel. De klacht van Cortoys en Tibeert ging waarschijnlijk over een castratie. Mogen we dan bij de laatste klacht climaxwerking verwachten? „Capelaen maken" zou volgens Muller[60] ook castreren betekenen. Het feit dat er geen andere bewijsplaatsen deze plaats bevestigen, sluit niet volledig uit dat hier toch om een castratie gaat. De parallelle constructie „monnik maken" of „mon(ni)ken" bete-kent in het Middelnederlands naast „tot monnik maken" wèl castreren. Verwijs en Verdam zijn over „monken" zeer onduidelijk en menen dat

58. Werenbracht antwoordt de "man" op de vraag waar hij naartoe gaat: "Ic loep, siet, dat mij den nuese mach leeken,/En wet mij van vresen hoe gehermen" (v. 87-88). (Ed.) P. LEENDERTZ, *Middelnederlandsche dramatische poëzie*, p. 160-180, m.n. p. 164. Is hier ook een obscene ondertoon, wijzend naar impotentie? Zie ook de "druypende neusen" in v. 510 van *De pastoor van Kalenberg*, (Ed.) H. VAN KAMPEN en H. PLEIJ (1981).

59. H. VAN KAMPEN en H. PLEIJ, *De pastoor van Kalenberg*, p. 56-57. Dat dit ver-dekte taalgebruik naar de seksuele daad verwijst, bewijzen ook de houtsneden (zie fig. 5 p. 58 in de editie van Van Kampen).

60. J.W. MULLER, *Exegetische commentaar*, p. 27-28

de afgeleide betekenis 'castreren' alleen in het Middelhoogduits gebruikt werd én alleen voor dieren[61]. Veel verder helpt het *MNW* ons niet... maar dat hadden wij ook niet verwacht.

Het is verleidelijk om het klokkengelui in Elmare ook in erotische zin te interpreteren. Het is bovendien nog verleidelijker om als secundaire betekenis van het „monnik maken" in A 1483 te denken aan de castratie van de wolf. We houden hier echter rekening met de raad van Th. Ross, die waarschuwt dat seksuele toespelingen „the most hilarious and the most hazardous" zijn. „We must be cautious, or we will begin to see covert sexual allusions in almost every line."(Ross, p. 19).

De meeste van de opgesomde voorbeelden geven aan dat de religieuze isotopie een ideale beeldtaal vormt om het seksuele te verwoorden. Het credo kàn in een bepaalde context staan voor de seksuele daad. *Als* het ook in de *Reynaert* om een dubbelzinnig erotische vermelding gaat, dan gaat het hier inderdaad om een homoseksuele relatie tussen vos en haas, zij het dan dat het om een relatie tussen dieren gaat. Misschien verkleinen we de problemen door deze relatie te rangschikken onder het begrip sodomie in zijn ruimste betekenis (en dat vroeger ook voor homoseksualiteit gebruikt werd). Een interessante noot die kan bijdragen tot de interpretatie van het probleem is een vermelding in Maerlants *Der naturen bloeme* (boek II v. 2572-2574) dat de hazen jaarlijks van geslacht wisselen.

> Elx jaers, dits wonder groet,
> Verwandelt hi, sprect die scrifture,
> Sine beestelike nature[62].

Ligt hier een diplomatische oplossing van het probleem?

De vos en de haas worden nogmaals met elkaar in verband gebracht in de Kriekeputte-passage, waar Reynaert Cuwaert het zwijgen oplegt als de haas over de vroegere leefomstandigheden en de hond Rine begint. De haas schildert Kriekeputte als een verdoemde plaats, waar geen normaal leven mogelijk is. Het is een plaats van de verdoemenis. Hazen en vossen (of hazen en honden, of de combinatie van de drie) komen in de iconografie en de literatuur in enkele interessante scènes voor, die ook voor de interpretatie van *Van den vos Reynaerde* richtinggevend *kunnen* zijn.

---

61. We treffen hier weerom een afleidingsstrategie aan, vergelijkbaar met het verbloemen in het Latijn. Een grondig onderzoek van de verdringingsstrategieën met betrekking tot het veld van de erotiek in het *MNW* zou mooie bloempjes opleveren. Een aanvang van dergelijk onderzoek (m.b.t. de appreciatie van de refreinen in 't zotte) is te vinden in: D. COIGNEAU, *Refreinen in het zotte bij de redeijkers*, Deel. II, p. 270, noot 54.

62. (Ed.) E. VERWIJS, *Jacob van Maerlant's Naturen bloeme*. Groningen, 1878.

Wanneer ze in verband met elkaar gebracht worden, betreft het veelal seksuele toespelingen. De haas is niet in elke voorstelling identiek te interpreteren. Zoals bijna alle dieren gold de „Mehrdeutigkeit" wat de interpretatie betreft. Hij komt voor als het symbool van het licht (wordt ook met Christus verbonden) en wanneer hij in sommige jachttaferelen wordt afgebeeld beduidt hij de vervolging van het goede door het kwade[63]. Maar de haas stond wel degelijk ook voor het kwade en ver-beeldde de luxuria. Op het rechter (helle-) paneel van *De tuin der lusten* van Jeroen Bosch staat een grote haas naast een naakte gevallen vrouw met een dobbelsteen op het hoofd (ill. 19). In het Oudfrans was een extra

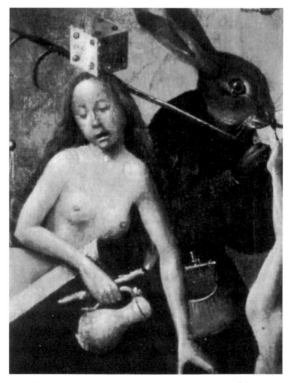

19. Vrouw met dobbelsteen boven het hoofd in het gezelschap van een haas. Detail uit de Tuin der Lusten (rechtervleugel) van Jeroen Bosch, Madrid, Prado.

Deel I, p. 116. Met dank aan P. Wackers voor deze vindplaats.
63. Zie o. a. in (Ed.) E. KIRSCHBAUM, *Lexikon der christlichen Ikonographie.* (2de druk). Rome/enz., 1970, kol. 221-225. Haas en konijn werden in de iconografie soms

dubbelzinnig spel mogelijk doordat „con" (vagina) een deel was van het woord „conin" (konijn of haas). Vooral de Franse dichter Eustache Deschamps (1346-1406) had een voorliefde voor dit obsceen spelletje[64], maar ook in vele fabliaus en farces vinden we dergelijke spelvormen.

In de *Canterbury Tales* wordt de monnik in de proloog op een dubbelzinnige manier beschreven: hij is een geducht jager en paardrijder[65]:

> Therfore he was a prikasour aright:
> Grehoundes he hadde as swift as fowel in flight;
> Of prikyng and of huntyng for the hare
> Was al his lust, for no cost wolde he spare. (v. 189-192)
>
> ...
>
> He hadde of gold ywroght a ful curious pyn;
> A love-knotte in the gretter ende ther was (v. 196-197)[66].

Van de combinatie haas-hond zijn talrijke iconografische voorbeelden te vinden.Vooral in de randversieringen van handschriften komen ze in elkaars buurt voor. In het Oostengelse *Gorleston Psalter* spelen een hond (die de blaasbalg bedient) en een haas (toetsen) samen op het orgel. Beiden komen ook samen voor in het missaal van Lodewijk van Male (derde kwart veertiende eeuw) en in het veertiende-eeuwse getijdenboek van Marguerite de Bar, waar op folio 294 een ridderlijke tweestrijd voorkomt tussen een haas en een hond. In plaats van op een ros zit de haas op een slak en de hond op een haas. In middeleeuwse drolerieën jaagt de hond ontelbare malen op de haas. Reeds Huizinga constateerde dat de jacht verholen seksuele symboliek kon oproepen. Hond en haas *kunnen*, wanneer ze samen voorkomen naar wellust en perversiteit wijzen[67]. Nog een opmerkelijk voorbeeld toont een hond (hoewel het om

door elkaar gebruikt.

64. Zie Th.W. ROSS, *Chaucer's Bawdy*, p. 101.

65. Zowel het paardrijden als de jacht hadden seksuele connotaties. Dit is ook het geval in de proloog van de *Canterbury Tales*.

66Wij citeren uit (Ed.) L.D. BENSON, *The Riverside Chaucer*. Vertaling van A.J. BARNOUW:

> Van hard te rennen hield hij dan geducht.
> Jachthonden had hij snel als vogelvlucht.
> Als hij de haas kon jagen, reed en roste,
> Had hij zijn zin. Hij vroeg niet wat het kostte.
> ...
> Hij had zich [...]
> Van goud een mooie halsspeld laten maken,
> Waarvan de knop een knoop van minne was.

67. Naast de hierboven beschreven voorbeelden wijzen we naar: Th.W. ROSS, *Chaucer's Bawdy*. Ross geeft twee duidelijke voorbeelden. Een eerste is Londen, Brit.

een vrij verwrongen figuur gaat; McCulloch, *Mediaeval [...] Bestiaries*, p. 95 stelt dat de bever wordt afgebeeld als „a dog-like animal oftentimes in extremely contorted positions") die een boek vasthoudt (en bidt, leest of zingt) en een haas die met een wierookvat zwaait (Belgische bijbel van ca. 1330-1340, nu Brussel K.B. ms. 9157, ill. 20). Houdt deze scène verband met de *Reynaert*?

20. Hond (of bever?) met boek en haas met wierookvat, Brussel, Koninkl. Bib., 9157, fol. 419v. Zie: L.M.C. RANDALL, p. XXXIV nr. 159 (zie onze noot 17).

We belanden terug bij de illustratie van het credo zingen van vos en haas. De tweede illustratie van deze scène in het Vlaams psalter uit de Chester Beatty Library in Dublin, laat geen twijfel bestaan dat het om een zinspeling op *Van den vos Reynaerde* gaat (ill. 21); zelfs de noten zijn zichtbaar in het boek dat de haas vasthoudt. Indien het om gewone spot zou gaan, waarom beeldt de illustrator het tweetal in deze (verdacht naar copulatie toegaande) pose uit? Men zou kunnen opmerken dat de

Mus., Addit. ms. 36684, fol. 69 r̂, ROSS, *a.w.*, p. 114, een veertiende-eeuwse afbeelding van een jager die met een enorme fallus een haas slaat. Een tweede voorbeeld is ill. 8 (ROSS, *a.w.*, p. 179; een detail van een muurschildering van Francesco del Cossa (1436-1478) in het Palazzo Schifanoia te Ferrara), waarop een wellustige edelman met zijn hand over de schaamstreek van de vrouw streelt, terwijl aan de zijkant van het tafereel zes hazen lustig rondlopen. De interessantste voorbeelden zijn te vinden in: L.M.C. RANDALL, *Images in the Margins of Gothic Manuscripts*, nrs. 155-159 en de nrs. 216-217-219-220-228-357-358. De haas is een van de meest afgebeelde dieren in de marges van middeleeuwse handschriften zie: L.M.C. RANDALL, *Images in the Margins*, p. 105-110. Nr. 156 verbeeldt de belegering van een kasteel. De belegeraars zijn honden die scherpe pijlen afschieten, de verdedigers zijn hazen. Nr. 157 stelt een hond voor die naar een haas springt die op zijn beurt een haas aan een stok gevangen houdt Opmerkelijk is dat in hetzelfde handschrift (Yale) van *Lancelot del Lac* de vos en de haas voorkomen in de scène

21. Vos neemt haas tussen de knieën, Dublin, Chester Beatty Library 61, fol. 61r. Zie A.Th. BOUWMAN, kaft (onze noot 47).

positie van de beide dieren in dat geval toch wel erg ongelukkig is, gezien de afstand tussen beide én gezien er van een seksuele daad helemaal geen sprake is. Maar dan ontzeggen we de illustrator de dubbelzinnigheid en het geniale dat we de Reynaertdichter wél toedichten. Wat hier gebeurt, is dat de illustrator aan deze scène refereert op een dubbelzinnige wijze. De vos bijt de haas in het oor. Is het lange oor van de haas een substitutie van de fallus? Wij menen van wel. Het betreft hier geen „bloße Nennung", maar een verborgen suggereren. Door de scène op deze manier uit te beelden, ontstaat tevens een sterke compositie (een castratie van de haas, terwijl deze een boek vasthoudt zou niet eenvoudig zijn). Zo bereikt de illustrator hetzelfde effect als de Reynaertdichter, die het geval door de bever laat verwoorden. Hij heeft de scène met de middelen die hem ter beschikking staan versluierd.

Pancer getuigt dat Reynaert in „sinen houden spelen" (A 157) was vervallen. Wat bedoelt hij daarmee? Is de bever wel een goed observator? Geeft hij wel de juiste details en interpreteert hij het gebeuren juist?

Reynaert zou Cuwaert „bi der kelen" (A 158) „hem thoeft af hebben ghenomen". Dit blijkt een vooruitwijzing te zijn naar het eindelijke lot van de haas in Reynaerts hol. Toch verbaast het optreden van de bever in deze context. F. Lulofs heeft opgemerkt dat de bever werd beschouwd als een castraat. In de middeleeuwse bestiaria wordt van hem gezegd dat hij zijn eigen testikels afbijt en op zijn rug gaat liggen om de jagers, die op zoek zijn naar de olie uit zijn testikels, van zich af te schudden[68]. Maerlant schrijft over de bever.

> Castor, dit woert in Latijn,
> Mach in Dietsche een bever sijn.
> Castorium heten haere hoeden,   testikels
> Die sijn vele te nuttene noden,
> Ende dat es daer mense omme jaghet.
> Ende als den bever dan wanhaghet,
> So bijt hise selve of te waren:
> Dan laten die jaghers varen.
> Eist datmenne anderwarf jaghet,
> Hi toghet dat hi niet en draghet,
> Ende vallet voer den jagher neder[69].

Het portret van de bever blijft in alle bestiaria opvallend constant. Isidorus brengt de etymologie van „bever" („castor") in verband met castereren („castrando", om te castreren, wat gecastreerd moet worden)[70]. De bever wordt geassocieerd met castratie, maar hij is door de drastische ingreep op zijn eigen lichaam zelf toonbeeld van de kuisheid. De observatie van Pancer in *Van den vos Reynaerde* is op zijn minst gezegd eigenaardig. Indien de scène in obscene zin is te verklaren, dan doorziet de bever de ware toedracht van de gebeurtenis waarvan hij getuige was niet en ook niet van wat hij aan het hof komt getuigen. Dramatische ironie is een procédé dat Willem dikwijls gebruikt. In deze interpretatie zou de hele hofgemeenschap in diskrediet gebracht zijn en zou de klacht van Pancer inderdaad een climax zijn.

Heeft de duistere relatie tussen haas en vos een ruimere betekenis in de context van het hele verhaal of gaat het om een momentaan beeld? Wij zijn ervan overtuigd dat er een aantal redenen is waarom Willem

die naar *VdvR* zou verwijzen).

68. F. LULOFS, *Van den vos Reynaerde*, p. 206-207; en J.D. JANSSENS, *Het Comburgse handschrift*, p. 159. In de laatste bijdrage staat een illustratie van dit gegeven.

69. (*Der naturen bloeme*, Boek II v. 777-787, Ed. Verwijs, 1878).

70. Zie F. McCULLOCH, *Mediaeval Latin and French Bestiaries*. Chapel Hill, 1962,

deze scène, die niet in de Franse brontekst voorkomt, op dit moment in het Reynaertverhaal inlast. Van in het begin van de hofdag wordt een religieus-obscene isotopie opgebouwd. Heel de klachtenlitanie handelt over obscene voorvallen (verkrachting of overspel), gevolgd door de worstdiefstal (castratie?). De klacht van Pancer komt dus voor de toehoorder niet volledig onverwacht. Hierdoor wordt de hofwereld van in het prille begin (met uitzondering van de eerste verzen van het verhaal, de Natureingang) onderhuids getypeerd als een wereld waar men de schone schijn ophoudt. Bovendien wordt de vos door deze uiterst ernstige klacht als een zeer gevaarlijk en negatief wezen getekend. De klacht van Pancer heeft een anticiperende, structurerende functie. Deze scène bereidt de Kriekeputte-passage voor. Kriekeputte wordt voorgesteld als een locus terribilis. De plaats waar de vorst door Reynaert naartoe wordt gestuurd, wordt geassocieerd met koude, honger, laagheid én perversiteit. De vos, de haas en een aantal honden worden daar in een ver verleden gesitueerd.

Deze interpretatie heeft vergaande implicaties. De vos wordt ook in het eerste deel van *Van den vos Reynaerde* negatief getekend. Hij draait zijn poot niet om voor een aanslag op de haas of voor een dubieuze relatie. Dat deze passage perverse associaties kon oproepen, is waarschijnlijk. Of het hier om een castratie gaat of een homofiele relatie, kunnen we niet volledig bewijzen. Het ene sluit het andere niet uit. Voor castratie pleit (toch) het ,,kapelaan maken'' naar analogie met het ,,monken'', voor homofilie (toch) het ,,credo zingen'' en de beschrijving van Kriekeputte. Het middeleeuwse publiek heeft deze scène lachend én bevreesd aanhoord.

Homofilie is volgens Wackers een ,,onnoembare zonde''. Dit klopt als men de prescriptieve en de officiële geschriften leest[71]. Het eerste concilie dat homoseksualiteit expliciet verwerpt en bestraft is Latheranen III in 1179. Homoseksualiteit werd rond 1150 nog onder geestelijken aanvaard, maar zou tussen 1250 en 1350 evolueren van een legaal verschijnsel, waar men vrij mild tegenaan keek, naar een misdaad die de doodstraf verdiende. Doordat het een ,,crimen nefandum'' was werden naast de personen ook de documenten verbrand, zodat er geen of weinig gegevens over bekend zijn.

Er moet toch een onderscheid gemaakt worden tussen de theorie en de praktijk. Onderzoek is op dit terrein onder andere al gebeurd voor Italië,

p. 95.
71. Zie R. TIELMAN, *Homoseksualiteit in Nederland.* (2de druk.) Meppel, 1982, p.

Nederland en Frankrijk[72]. Homoseksualiteit kwam zowel in de literaire als in de feitelijke werkelijkheid voor. Op homofilie wijzen de commentaren van Dante in de *Inferno* (XV, XVI), de uitlatingen van Toscaanse predikers en overgeleverde documenten betreffende discussies en strenge maatregelen van de overheden[73]. Vooral in middens van knapen (acht- tot dertienjarigen) schijnt homofilie gangbaar te zijn geweest. Wellicht zijn er ook sporen van te vinden in geestelijke middens. Verder onderzoek is hier wenselijk. We kunnen hierbij ook herhalen dat het in *Van den vos Reynaerde* om dieren gaat, wat een extra ontsnappingsmogelijkheid gaf. Wellicht is spreken over sodomie hier meer gepast.

Hoe men de Cuwaertpassage ook analyseert, ze staat bol van mogelijke associaties die verband houden met wellust en castratie. Kan de keuze van vos, haas, hond en bever in *Van den vos Reynaerde* nog toevallig zijn?

Functie van de scabreuze elementen

Wij komen tot enkele conclusies en concentreren ons op de vraag naar de functie van de obsceniteiten in het verhaal. In onze dissertatie kwamen wij tot het besluit dat het dorp in *Van den vos Reynaerde* een kromme wereld met vele gezichten is. Het is een diabolische, waanzinnige en gewelddadige wereld waar geen plaats is voor blijheid en utopie. De dorpelingen reageren instinctief. Ze worden gedreven door emoties, paniek en wraak. Het is vooral een topische plaats, gekenmerkt door lelijkheid, platvloersheid, laagheid en perversiteit.

40-41.

72. Dit onderzoek wees naar een soort centra van homofielen en (vooral literaire) subculturen in Parijs, Orléans, Sens, Chartres, Siena, Florence, Napels, Bologna, enzovoort. Artistieke thema's die aan bod kwamen waren Ganymedes en Helena, Aeneas, de "homoheilige" Sebastiaan en thema's uit Ovidius en Plato. De geestelijkheid zou hierin een belangrijke rol gespeeld hebben. Later werden vooral ketters van homoseksualiteit beschuldigd. Zie R. TIELMAN, *Homoseksualiteit in Nederland*, p. 43. Een literaire veroordeling van homofilie is te vinden in het derde boek van Potters *Der minnen loep*, waar de auteur kort over de schandelijke liefde handelt. Homoseksualiteit is "onsprekelike" (III, v. 87). Potter verwijst kort naar de bijbelplaatsen uit *Genesis* 14 en 19 (Sodom en Gomorra) en haalt dan scherp uit naar de Italiaanse mannen die deze "zonde" openlijk bedrijven. Zie A.M.J. VAN BUUREN, *Eer en schande in enkele laat-Middelnederlandse literaire teksten*, in: (Ed.) G. HEKMA en H. ROODENBURG, *Soete minne en helsche boosheit*, p. 23-41, m.n. p. 31. Zie verder: Ph. MENARD, *Le rire et le sourire dans le roman courtois en France au Moyen Age (1150-1250)*. Genève, 1969, p. 695; en E.R. CURTIUS, *Europäische literatur*, p. 140-143.

73. D. REGNIER-BOHLER, *Ficties*, in: (Ed.) G. DUBY, *Geschiedenis van het persoonlijk leven. Van het feodale Europa tot de renaissance.* Amsterdam, 1988, p. 257.

De naamgeving in het dorp structureert de ruimte: de antroponiemen schetsen het dorp als een sociaal gesloten ruimte, een anti-hoofse ruimte. Het resultaat van de naamgeving is dat de dorpswereld gekarakteriseerd wordt als de anti-these van de hoofse wereld: de andere wereld. De dorper is door zijn lelijkheid een spiegel van de slechtheid. In deze wereld komen de hovelingen zichzelf tegen. Het dorp is de wereld van de ontmaskering. Hier blijkt wie de „hoofse" heerschappen in wezen zijn. Ze worden niet gekenmerkt door hoofsheid en mate, maar door egoïsme, vraatzucht, lichtgelovigheid en onhoofsheid.

Maar onze interpretatie gaat nog verder. Wij stellen immers dat van in het begin de „hoofse" gemeenschap van Nobel en zijn onderdanen in wezen onhoofs is. De gemeenschap streeft naar eer en glorie, maar in werkelijkheid gaat het om een bende onhoofse kinkels, die **moet** gestraft worden. Isegrim presenteert zich als hoorndrager en slechte vader, Cortoys en Tibeert als dief en geil personage, Pancer als een naïeveling, Cuwaert als een lafaard.

Het gaat hier steeds om erg dubbelzinnige klachten. Het is de vraag of de dieren nog wel controle hebben over wat ze zeggen. Hun taalgebruik is dubbelzinnig of kan dubbelzinnig worden opgevat. De hovelingen zijn geen heer en meester meer over wat ze zeggen, van in het begin van de hofdag. De taal speelt een spel met hen. Ze beseffen niet dat ze „double talk" spreken en zichzelf ondermijnen door een achterbuurttaaltje. Of ze versluieren de waarheid, of zien de ernst van de situatie niet in. Doordat een aantal bijbetekenissen geactiveerd wordt zonder dat ze er controle over hebben, zijn de personages geen meester over hun eigen taalgebruik. Meteen is het hof gekarakteriseerd. Anders dan de ruimtelijke beschrijvingen aangeven en de Natureingang suggereert, is er geen idyllisch hofkader, maar wordt de hele hofgemeenschap van bij het begin (eigenlijk vanaf A 50) van het verhaal gekleurd getekend. De hofdag blijkt vooral een bijeenkomst te zijn waarop Reynaert wordt aangeklaagd als een verdorven iemand. Hij is de verpersoonlijking van een negatieve seksualiteit: hij verkracht (of pleegt overspel), hij heeft een dubieuze meester-leerling-relatie met de haas. Maar ook de slachtoffers blijken in de meeste gevallen niet vrijuit te gaan. Al wat we van de Nobelwereld tot nu toe te weten zijn gekomen, is dat er een stelletje seksueel bedrogen of gefrustreerde klagers voor koning Nobel staat.

De hoofse gemeenschap blijkt van bij het begin niet de hoofse gemeenschap te zijn die zij voorwendt te zijn. Dit zal uiteindelijk leiden naar de definitieve ondergang. De betekenis van de scabreuze elementen ligt vooral in het feit dat ze het onhoofse karakter van de hovelingen illustreren.

Als de dieren mensen voorstellen, dan heeft de Reynaertdichter geen hoge dunk van zijn soortgenoten.

Wereld en tegenwereld.

Het „erotische" als verhaal-modus in „Il Decamerone"

ULLA MUSARRA-SCHRØDER

De Decameron van Giovanni Boccaccio uit 1349-1351 wordt traditioneel als één van de grote voorbeelden van de kader- of raamvertelling beschouwd. De encadreringstechniek van Boccaccio kan inderdaad ook niet onderschat worden. Het kader vormt een onmisbare voorbereiding en aanloop op de ingebedde verhalen zelf. In het kader wordt de diepere motivatie van zowel het vertellen als de strekking van de verhalen geformuleerd. Door de encadrering zet zich bovendien de betekenis van de wereld, die in de ingebedde verhalen geschilderd wordt, af tegen die van het kader. Het wordt voor de lezer duidelijk dat er in de Decamerone sprake is van verschillende werelden, die een kontrast vormen met elkaar. Ten eerste de wereld van Florence in het jaar 1348, een wereld beheerst door pest, dood en wanorde, en waar geen wetten meer bestaan. Ten tweede de wereld van de kastelen, villa's en tuinen buiten de stad, een ideale of utopische „tegen-wereld", die haar eigen orde en haar eigen wetten kent en waarin, door het vertellen van verhalen, de toegang tot een derde wereld, die van het leven en een erotische levensbevestiging, mogelijk gemaakt wordt.

Wat de structuur van encadrering betreft, valt eerst haar complexiteit op. Een eerste kader of omlijsting vinden we in het voor- en nawoord van de schrijver Boccaccio zelf. Hierbinnen bevindt zich nog het tweede kader, het eigenlijke raamverhaal, waar de tien verhalen van elke dag ingeleid en afgesloten worden door een verteller of vertelinstantie die, zoals vooral door de inleiding tot de vierde dag duidelijk wordt, met Boccaccio zelf overeenkomt. De honderd verhalen zijn dus ingebed in een dubbel kader. Opmerkelijk is het dat onderweg van kader naar kader niet alleen de vertellers veranderen maar ook de groep van aangesproken lezers of toehoorders. In het voorwoord richt de schrijver zich tot een brede groep lezers bestaand zowel uit mannen als uit vrouwen, maar deelt mede dat hij als lezers van de *Decamerone* vooral vrouwen op het oog heeft, die in de verhalen verstrooiing, troost, plezier en nuttige raad zullen vinden, waarbij de nadruk duidelijk op het vermaak ligt: de verhalen „zullen de vrouwen aan wie ze zijn opgedragen, tegelijk tot vermaak en tot lering strekken: de lezeressen zullen er immers uit kunnen opmaken, wat te allen prijze vermeden moet worden, en wat anderzijds een navolging verdient. En zij zullen hoe dan ook een tijdlang van hun droevige gedachten worden afgeleid"(p.7)[1]. In de inleiding van de eerste dag richt de verteller zich direct in de aanhef tot deze lezeressen: „aanvallige dames", terwijl binnen de fictionele ruimte van het raamverhaal dit publiek nog eens gereduceerd wordt, namelijk tot de kleine groep van zeven vrouwen en drie mannen, die de pest in Florence ontvluchten om in de tuinen van een landgoed elkaar verhalen te vertellen. De vrijmoedigheid waarmee de hoofdzakelijk erotische verhalen verteld worden, is gedeeltelijk hierdoor verklaarbaar. Men is onder elkaar als goede vrienden en bepaalde vrijheden zijn veroorloofd. De tien jonge mensen behoren bovendien tot een nieuwe bevoorrechte klasse, de hoge burgerij, en zijn van adellijke afkomst. Ze onderscheiden zich, wat ook duidelijk beklemtoond wordt, van de meeste mensen in Florence, van het „gewone volk" en de „kleine burgerij"(p.14). Omdat de verteller (die een soort authenticiteits- of realiteitsillusie wil opbouwen) de tien vertellers, en in het bijzonder de zeven vrouwen, later niet in moeilijkheid wil brengen, geeft hij hen fictieve namen: „Ik zou ongetwijfeld hun echte namen vermelden, als ik geen goede redenen had om dat niet te doen: ik zou namelijk niet willen dat een van hen later zou moeten blozen om de verhalen die zij heeft verteld of zelfs beluisterd; de zeden zijn immers weer heel wat strenger geworden dan zij toentertijd, om de reeds aangehaalde redenen, waren, niet alleen voor jonge meisjes zoals zij maar ook voor heel wat rijpere vrouwen"(p.16). „Om de reeds aangehaalde redenen", de verteller duidt het aan: de eigenlijke motivatie van deze vrijheid of vrijmoedigheid vinden we in de situatie, waarin deze tien jonge mensen zich bevinden, een situatie die aan het begin van het raamverhaal en als inleiding op de eerste dag uitvoerig beschreven wordt.

De verteller kijkt hier terug naar het jaar van de pest in Florence. Aan zijn lezeressen, de bovenaan genoemde „aanvallige dames", legt hij uit dat hij niets anders kan dan zijn vertelling met een beschrijving van de pest beginnen, niet alleen om het spreekwoordelijke gezegde: „waar blijdschap in huis is, staat rouw voor de deur; maar na lijden komt weer verblijden", maar omdat de aard van de verhalen anders niet verklaarbaar zou zijn: „Geloof me, als ik jullie langs een minder doornig pad naar het begeerde doel had kunnen leiden, dan had ik dat volgaarne

---

1. Ik citeer uit de vertaling van Frans Denissen: G.Boccaccio, *Decamerone*, Manteau, Antwerpen/Amsterdam 1982.

gedaan. Maar aangezien de gebeurtenissen waarover jullie weldra zullen lezen, zonder deze nare herinnering onverklaarbaar zouden schijnen, zie ik me wel verplicht jullie hiermee nog een wijle lastig te vallen"(p.9-10). Het lezen van de eerste bladzijden van de *Decamerone* is volgens de verteller vergelijkbaar met het bestijgen van een steile berg, waarachter zich een idyllisch landschap verschuilt, een vergelijking waarin Boccaccio duidelijk zinspeelt op de reis van Dante door *Hel* en *Louteringsberg*: „Moge het afschrikwekkende begin voor jullie niets anders zijn dan wat voor de wandelaar een steile en dorre berg is, waarachter zich een bekoorlijke groene vlakte uitstrekt, die des te meer verademing biedt naarmate de beklimming en de afdaling moeizamer waren"(p.9). In de zeer realistische en bijna apocalyptische beschrijving van de pest staat Boccaccio stil bij de ellende van vooral het gewone volk, de leden van de kleine burgerij, die 's morgens „in groten getale" voor de huisdeuren liggen (p.14), bij de vernietiging van elke menselijke relatie, waardoor „de ene broer de andere in de steek liet, en de oom zijn neef, en de zuster haar broer, en vaak zelfs de vrouw haar man"(p.12), bij het verloederen van de zeden en het verloren gaan van elke wet: „En de daad bij het woord voegend, zwalkten ze dag en nacht laveloos dronken van de ene taveerne naar de andere, en vaker nog van het ene huis naar het andere, althans als ze vermoedden dat daar voor hen iets te rapen viel. Niets stond hun daarbij in de weg, want alsof het einde der tijden aangebroken was , gooide iedereen zichzelf en zijn bezittingen te grabbel: de meeste huizen waren onbeheerd achtergelaten, en de eerste de beste vreemdeling die er toevallig belandde, maakte er gebruik van alsof hij de eigenaar zelf was" (p.12). Midden in al die ellende ontmoeten de zeven jonge vrouwen in de kerk van Santa Maria Novella de drie jongemannen, die (wat niet onbelangrijk is) „smachtend naar troost in hun verlorenheid" op zoek zijn gegaan naar „hun geliefden, die zich toevallig alle drie onder het zevental bevonden" (p.19). Ze spreken af om de pest te ontvluchten. De volgende ochtend verlaten ze de stad, begeven zich naar één van hun landgoederen en komen daar in een geheel andere wereld terecht: „Het landgoed lag een heel eind van de grote wegen op een heuvel, die met een weelde van groene struiken en planten was begroeid. Op de kruin ervan stond een paleis met een grote en fraaie binnentuin en talloze prachtige zuilengalerijen, zalen en vertrekken, die allemaal met bonte muurschilderingen waren opgesmukt. Eromheen lagen groene weiden en betoverende tuinen" (p.20). Om hun samenzijn in vaste banen te leiden, stelt Pampinea, de oudste van de vrouwen, voor dat ze enkele huisregels vaststellen. De eerste en belangrijkste hiervan is het verkiezen van een leider, een koningin of een koning, die het verblijf op een aangename manier zal regelen. Dit koningschap zal echter niet langer dan een dag duren, van vesperuur tot vesperuur, waarna weer een andere leider verkozen zal worden. Eenstemmig kiest men als eerste koningin Pampinea, die het hele gezelschap de vrijheid geeft om in de tuinen en weilanden te wandelen. Aan het einde van de dag gaan ze aan tafel, terwijl „door geruisloze bedienden overheerlijke spijzen en uitgelezen wijnen aangedragen" worden (p.22). Nadat ze nog gedanst, gemusiceerd en gezongen hebben, begeven ze zich naar hun, zoals de verteller beklemtoont, „gescheiden" slaapvertrekken, waar ze „behalve keurig opgemaakte bedden, ook weer overal bloemenruikers" aantreffen (ibid.). De volgende ochtend begeven ze zich naar een koel en overschaduwd weiland. Ze gaan in een kring op het „malse gras" zitten en de koningin stelt voor, dat men de heetste uren van de dag zal doorbrengen met het vertellen van verhalen: „Als ieder van ons een verhaal gebracht heeft, zal de zon al gedaald zijn en zal het wat koeler worden, zodat wij dan elders ons vermaak kunnen gaan zoeken" (ibid.).

Het raamverhaal is hoofdzakelijk beschrijvend van aard. De handeling is beperkt tot de korte momenten waar, volgens de door de koningin of koning opgelegde dagindeling, de bezigheden van de groep afgewisseld worden, waar een nieuwe leider gekozen wordt en waar men zich van het ene landgoed of lustoord of van de ene tuin naar de andere begeeft. Een hoogtepunt vormt de verplaatsing naar het „Vrouwendal", een soort „aards paradijs" dat eerst door de zeven vrouwen en pas daarna door de drie mannen ontdekt wordt. De beschrijvende passages zijn meestal zeer uitgebreid. Er zijn beschrijvingen van interieurs, zalen, galerijen, slaapvertrekken, binnenplaatsen, maar vooral van prachtig aangelegde tuinen waar, zoals in de schilderkunst van de veertiende en vijftiende eeuw, bomen, planten, bloemen, water (fonteinen, beekjes), vogels en dieren, kleurrijk, gevarieerd en met oog voor het detail weergegeven worden. Als voorbeeld hiervan citeer ik even de volgende passage: „De heuvelflanken op het zuiden waren dicht begroeid met wijnranken, olijf-, amandel-, kerse- en vijgebomen en ontelbare andere soorten fruitbomen, terwijl de hellingen die naar de Grote Beer lonkten bedekt waren met eiken, essen en andere kaarsrechte, heldergroene loofbomen. Het dal zelf, dat alleen te bereiken was langs het pad dat de vrouwen gevolgd hadden, stond vol sparren, cipressen, laurierbomen en een enkele pijnboom, allemaal zo fraai geordend dat het wel leek alsof ze daar door de bekwaamste tuinarchitect waren geplant. Zelfs als de zon in het zenit stond, konden haar stralen nauwelijks door het lover heendringen tot op

het malse grastapijt vol bonte veldbloemen, waarin het purper overheer-
ste" (p.426). Dit „aardse paradijs", dat overigens het decor vormt van
het raamverhaal van de zevende dag, de dag waar uitsluitend erotische
verhalen verteld worden, vormt samen met al de lustoorden en tuinen die
het omgeven, een wereld op zich, een wereld die weinig of niets te
maken heeft met de wereld die de groep jonge mensen in Florence achter zich heeft gelaten. Het is een „tegen-wereld", een utopie (niet alleen
op grond van haar schoonheid maar ook op grond van de nieuwe maatschappelijke orde die daar heerst), die in het geheel in tegenstrijd is met
de wereld die aan het begin van het raamverhaal beschreven wordt en
die juist door deze tegenstelling haar volle betekenis krijgt[2]. Want de
pest beperkt zich niet tot de stad en wordt niet tegengehouden door de
stadsmuren. Ook op het land heerst dezelfde ellende, zoals ook door de
verteller medegedeeld wordt: „Om echter niet in details te hoeven treden over de verwoestingen die de Zwarte Dood in de stad aanrichtte, kan
ik zeggen dat ook de ommelanden in gener mate gespaard bleven. Niet
alleen in de kasteeldorpen, die in alle opzichten op kleine steden leken,
maar ook in de afgelegen gehuchten en vlekken stierven de arme en
afgetobde dagloners en hun gezinnen dag en nacht, zonder doktershulp
of andere bijstand, op de wegen of op hun akkers of in hun huizen, niet
als mensen maar als beesten. In die omstandigheden waren ook zij, net
als de stedelingen, los van zeden geworden en verwaarloosden zij hun
have en goed. Ervan overtuigd dat iedere nieuwe dag die aanbrak allicht
hun laatste zou zijn, lieten zij hun akkers en hun vee verkommeren, en
droegen niet langer zorg voor de toekomstige vruchten van hun arbeid,
maar beijverden zich om zich zo snel mogelijk door hun nog aanwezige
voorraden heen te werken" (p.14). Hoe kan het nu dat al die ellende de
groep helemaal onaangeraakt laat, dat hun lustoorden daarvan helemaal
afgeschermd lijken te zijn en dat ze, om even op een detail te wijzen,

2. Zie Italo Calvino die over de verhouding tussen de pest in Florence en de sociale
utopie van de raamvertelling het volgende schrijft: „questo paradiso terrestre della corte
elegante, è contenuta in un'altra cornice, tragica, mortuaria, infernale: la peste di Firenze
del 1348 descritta nell'introduzione del Decameron. E' la livida realtà d'un mondo da fine
del mondo, la peste come catastrofe biologica e sociale, che dà un senso all'utopia d'una
società idillica, governata dalla bellezza e dalla gentilezza e dall'ingegno" („dit aardse
paradijs van het elegante hof is ingebed in een ander kader, tragisch, doods, hels: de pest
van Florence in 1348 beschreven in de inleiding van Decamerone. Het is de lijkkleurige
werkelijkheid van een wereld tijdens de ondergang van de wereld, de pest als biologische
en sociale catastrofe, die een betekenis geeft aan de utopie van een idyllische samenleving
die door schoonheid en beminnelijkheid en vindingrijkheid bestuurd wordt"), in I.
Calvino, „I livelli della realtà in letteratura" („De niveaus van de werkelijkheid in de literatuur"), *Una pietra sopra*, Einaudi 1980, p. 321.

daar van de meest kostelijke spijzen en uitgelezen wijnen kunnen genieten? Omdat de „tegen-wereld" van de groep zich eigenlijk op een ander
fictioneel niveau bevindt als de stad Florence, een fictie in de fictie,
waaraan het symbolische oord van de Santa Maria Novella toegang heeft
gegeven. Het is in dit opzicht dan ook van betekenis dat aan het einde
van de tiende dag de weg van de groep terug naar de stad en het gewone
leven weer door de poorten leidt van Santa Maria Novella en dat de
functie van het vertellen, „solazzo", verlichting, troost en verademing te
schenken, symbolisch met dit oord verbonden is. Het raamverhaal splitst
zich op deze wijze op in twee fictionele of „mogelijke" werelden, waarvan de eerste veel overeenkomsten heeft met de reële (historische) wereld, het Florence tijdens de pest, waaraan ook de vader van de schrijver
gestorven is, terwijl de tweede, die nauwelijks overeenkomsten heeft
met die reële wereld, alleen begrepen kan worden als een door de artistieke verbeelding gecreëerde wereld, - een wereld bovendien die haar
eigen artisticiteit benadrukt door de kunst, het vertellen en dus weer het
creëren van fictie, ofwel van nieuwe „mogelijke werelden" centraal te
stellen. Aan de vrijmoedigheid van het vertellen worden dan ook geen
andere grenzen gelegd dan die van de kunst, de literatuur of het woord-
kunstwerk zelf. Dit wordt onder meer duidelijk aan het einde van de
zesde en het begin van de zevende dag, waar Dioneo, de meest vrolijke
van de drie jonge mannen en wiens naam van Dionysos afgeleid is, als
koning het woord neemt en een duidelijk onderscheid maakt tussen het
vertellen en het handelen: „we leven immers in een tijd waarin zowel
mannen als vrouwen over om het even welk onderwerp mogen praten,
zolang althans hun daden binnen de grens van het fatsoenlijke blijven
(...) Als jullie verhalen de grens van het toelaatbare eens overschrijden,
dan hoeven daaruit overigens nog geen laakbare daden te volgen" en
verder: „Bovendien heeft ons gezelschap zich vanaf de eerste dag bijzonder fatsoenlijk gedragen: ik geloof niet - ook al viel er wel eens een
onvertogen woord - dat het zich aan één oneerzame daad heeft schuldig
gemaakt" (p.425). Nog duidelijker is de schrijver zelf in zijn nawoord:
„Zo zullen sommigen van jullie misschien beweren dat ik me bij het
schrijven van deze vertellingen te veel vrijheden gepermitteerd heb, en
dat ik vrouwen woorden in de mond heb gelegd - en vaker nog heb doen
aanhoren - die niet voor kuise damestongen of -oren bestemd zijn. Dit
ontken ik ten stelligste: in mijn ogen is niets oneerbaar, mits het in defti-
ge termen gezegd wordt, en daarin meen ik geslaagd te zijn" (p. 705) en
verder: „àls er al iets minder oorbaars in enkele verhalen zelf voorkomt:
wie ze met een deskundige en onbevooroordeelde blik bekijkt, zal

onomwonden moeten toegeven dat ik ze niet anders had kùnnen vertellen zonder ze te vervalsen" (p. 706).

En nu de verhalen zelf en de verhaalmechanismen die het „erotische" als verhaal-modus mogelijk maken. Net als de utopische wereld van de raamvertelling zich tegen die van Florence afzet, zo zet ook de wereld die in de verhalen afgebeeld wordt zich af tegen de raamvertelling en benadert weer (als door een cirkelbeweging) de wereld van Florence en van andere Italiaanse steden samen met plaatsen in het gebied rond de Middellandse Zee[3]. Met het adellijke en hoofse milieu uit het raamverhaal hebben de verhalen wel enkele overeenkomsten. De handeling van een groot aantal verhalen speelt namelijk in middeleeuwse hoofse kringen, de personages zijn koningen, vorsten, ridders en vorstelijke dames, die een hoge, verheven levenswandel hebben en die naast het ideaal van „schoonheid" („bellezza") ook die van „beminnelijkheid" („gentilezza") vertegenwoordigen, - idealen die Boccaccio in navolging van de liefdespoëzie van „il dolce stil nuovo" en van Dante en Petrarca centraal stelt. Maar het overgrote deel van de verhalen speelt in de brede kringen van de opkomende burgerij, in het bijzonder die van de kooplui en ambachtslui met ernaast een bonte schaar van monniken, nonnen en priesters. De verteltrant is niet, zoals in het kader en meestal ook in de hoofse verhalen, idealiserend, maar realistisch, met een overvloed aan komieke en kluchtige situaties en een alles overheersende verbale humor, waarbij zowel de karikatuur als de parodie en de ironie hoogtij vieren. Het ideaal is hier hoofdzakelijk dat van de intelligentie, de „vindingrijkheid" („l'ingegno"), een ideaal dat in de klucht en de komedie centraal staat. De verbale humor is, zoals we in het vervolg zullen zien, een van de voornaamste middelen om „het erotische", in het bijzonder de erotische situatie, tot uitdrukking te laten komen en als het ware „aan te kleden".

Door de verkozen koningin of koning wordt elke dag een nieuw overkoepelend thema vastgesteld. Dit echter met uitzondering van de eerste dag, waar koningin Pampinea nog geen tijd heeft gehad om een dergelijke regeling te treffen. Het onderwerp van de eerste dag is dus vrij. Het eerste verhaal is (in navolging van een middeleeuwse traditie) een soort

---

3. Zie Italo Calvino: „La produzione principale di questa società utopica è il racconto, e il racconto riproduce la varietà e l'intensità convulsa del mondo perduto, il riso e il pianto già cancellati dalla morte livellatrice" („De voornaamste productie van deze utopische samenleving is het verhaal, en het verhaal *reproduceert* de varieteit en de krampachtige intensiteit van de verloren wereld, de lach en de tranen die reeds door de alles gelijkmakende dood uitgewist zijn"), in I. Calvino, op.cit. p. 322.

„exemplum", Ser Ciappelletto als een voorbeeld van het absoluut kwade. Dit in rechtstreekse tegenstelling met het laatste verhaal van de tiende dag, het verhaal van Griselda, die als een voorbeeld van het absoluut goede gezien kan worden. Samen vormen de twee verhalen (I,1 en X,10) een soort kaderconstructie binnen het gebied van de ingebedde verhalen zelf, een kaderconstructie die traditionele morele waarden tracht te beklemtonen. Dat dit niet helemaal is gelukt blijkt uit de reactie van de toehoorders en van de verteller van het verhaal, die de markgraaf Gualtieri een heel andere soort vrouw als Griselda had gegund: „Een dergelijke bruut zou ik overigens van harte een vrouw toewensen die er, als ze in haar hemd het huis werd uitgejaagd, geen graten in zou zien, zich aan een ander te bieden, die haar naaktheid wel zou weten te bedekken!" (p. 702). De verhalen volgen overigens in het algemeen de didactische traditie van het „exemplum", wat ook door een soms drieledige opbouw beklemtoond wordt. Meestal worden ze ingeleid door een algemene argumentatie die bij het voorgeschreven thema aansluit. Hierna volgt het verhaal als concrete illustratie van deze argumentatie, waarna tenslotte in sommige verhalen de algemene strekking van het verhaal in herinnering gebracht wordt, een conclusie waarin de verteller de voorbeeldfunctie van het verhaal benadrukt[4]. Dit geldt echter niet alleen voor verhalen die een traditionele moraal verdedigen, maar ook voor verschillende van de „erotische" verhalen. Zie bijvoorbeeld de volgende conclusie uit het door Filomena vertelde verhaal van de derde dag: „En met zorg en overleg wisten ze, zonder de hulp van hun onbewuste liefdebode, nog menige nacht van ongeëvenaarde liefdesvervoering in de wacht te slepen. Moge de goddelijke Zaligmaker mij en alle andere hongerige christenzielen eenzelfde heil deelachtig maken!" (p. 190). Hoewel een dergelijke conclusie ironisch bedoeld kan zijn, breekt ze de strakke morele schemata van het middeleeuwse „exemplum" open: ook een vreugdevol en natuurlijk levensgenot kan, in bepaalde situaties, raadzaam zijn, want - zoals de verteller of Boccaccio zelf opmerkt in zijn inleiding tot de vierde dag - is hij „meer dan ooit ervan overtuigd dat de liefde tussen man en vrouw een natuurwet is" (p. 256).

Maar terug tot de eerste dag. Het valt op dat er hier eigenlijk alleen maar één erotisch verhaal verteld wordt. De erotische thematiek wordt dus geleidelijk en stilletjes geïntroduceerd en als het ware verpakt in een

---

4. Zie hiervoor M. Janssens, „The internal reception of the stories within the 'Decameron", in G. Tournoy (ed), *Boccaccio in Europe*, Proceedings of the Boccaccio Conference, Louvain, December 1975, Leuven University Press 1977, pp. 136-148.

hoeveelheid anderssoortige onderwerpen. Het verhaal is het vierde en het wordt, niet toevallig, door Dioneo verteld. Het gaat over een monnik die een jong „beeldschoon" boerenmeisje mee naar zijn cel smokkelt: „Zij ging daar gewillig op in, en zonder dat iemand het zag, voerde hij haar mee naar zijn cel. Maar toen hij eenmaal met haar lag te stoeien en in het vuur van het minnespel wat minder voorzichtigheid aan de dag legde, gebeurde het dat de abt, die net was opgestaan en op kousevoeten voorbij de cel liep, hun gekir opving" (p.42). De monnik, die het door heeft dat hij betrapt is, verzint een list waardoor de abt in dezelfde situatie terecht komt, alleen dat hij „gezien haar prille jeugd en het gewicht van zijn waardigheid, wellicht ook uit vrees haar door zijn zwaarlijvigheid te benauwen, zijn geliefde niet besteeg maar op zich nam, en zo lange tijd met haar stoeide" (p. 43). De slimme monnik, die inmiddels op zijn beurt de abt bespied heeft, voegt bij de vindingrijkheid van zijn daad ook de vindingrijkheid van het woord. In verbloemde taal laat hij de abt weten dat ook hij op heterdaad betrapt is, waardoor hijzelf vrijuit gaat: „'Vader', haastte de monnik zich te zeggen, 'ik ben nog niet lang genoeg bij de benedictijnen om hun leefregel tot in de bijzonderheden te kennen. U had mij nog niet verteld dat wij monniken niet alleen de last van vasten en vigiliën, maar ook die van vrouwen dienen te torsen. Maar nu U mij dat getoond hebt, beloof ik U, als u mij deze onvolkomenheid wilt vergeven, voortaan niet meer in dezen te zondigen, maar altijd Uw voorbeeld te volgen'"(ibid.). Hoe reageren nu de toehoorders op een dergelijk verhaal? Eerst is men licht gechoqueerd, maar stilaan bereikt de verteller het beoogde effect: het vermaak neemt de overhand: „Het verhaal van Dioneo raakte in het begin heel even het schaamtegevoel van de dames, waardoor er een zedige blos op hun wangen verscheen, maar toen ze elkaar eens aankeken, konden ze nog nauwelijks hun lach onderdrukken en luisterden gniffelend verder" (p. 45). Een vergelijkbare reactie komen we ook nog tijdens de tweede en aan het begin van de derde dag tegen: „Het verhaal van Filostrato had een zedige blos op de wangen van sommige dames getoverd, maar de meesten onder hen hadden er hartelijk om gelachen" (p. 176). Maar aan het einde van de derde dag is men hiermee zo vertrouwd geraakt dat niet eens het meest gewaagde verhaal, zoals Dioneo's verhaal over Rusticus, tot anders dan lachen aanleiding geeft: „Wel duizend lachbuien had Dioneo's kluchtige vertelling de zedige dames ontlokt. Toen het gebulder eindelijk weggestorven was, besefte de koningin dat aan haar heerschappij een einde was gekomen" (p. 246).

In de meeste verhalen van de tweede dag, waar „over mensen" verteld wordt „die het er, ondanks allerlei tegenslagen, tegen eigen ver-
wachting in toch nog goed afbrengen", blijft het „erotische" nog beperkt tot enkele scènes en situaties waar, zoals in Pampinea's verhaal
over de Florentijn Alessandro en de Engelse koningsdochter de liefdes-
scène beheerst wordt door de hoofse idealen van „schoonheid" en „beminnelijkheid". Dit is echter niet het geval in het laatste verhaal van die
dag, waar de grappenmaker Dioneo vertelt hoe en waarom de vrouw van
de magistraat Ricciardo de zeerover Paganino verkiest boven haar eigen
man. De „vindingrijkheid" is hier, naast de verteller, die van de vrouw,
die de spot drijft met haar echtgenoot die, om zijn impotentie te camouf-
leren, de feestdagen van de heiligen en nog veel meer dagen („de vigiliën van de Apostelen, de vrijdag, de zaterdag, de Dag des Heren, de ad-
vent en de hele veertigdaagse vasten, plus nog een aantal standen van de
maan en andere astronomische conjuncties" (p. 159)) als „abstinentieda-
gen" invoert. Tijdens de woordentwist tussen de twee echtelieden legt
de vrouw veel verbale virtuositeit aan de dag en maakt ze op zeer toe-
passelijke wijze gebruik van uitdrukkingen, metaforen, uit zowel het gebied van het calendarium als het gebied van de akkerbouw: „Overigens
heb ik nooit het gevoel gehad met een rechtskundige getrouwd te zijn,
integendeel: met uw diepgaande kennis van hoogdagen en heiligenfees-
ten, om nog niet te spreken van vastendagen en vigiliën, leek u meer een
stadsomroeper. Als u aan de landarbeiders van uw buitengoed evenveel
vrije dagen toekende als aan het kereltje dat mijn akkertje moet bewerken, zou u nooit een graankorrel oogsten, neem dat van me aan" (p. 162)
en verder: „Als ik terugdenk aan al dat geleuter over het berekenen van
maanstanden en geometrische figuren die nodig waren voor de conjunc-
tie van onze planeten, heb ik het gevoel dat ik hier de vrouw van
Paganino ben, terwijl ik me in Pisa eerder een gelegenheidsminnares
voelde!" (p. 163). De agrarische metaforiek wordt verder uitgebuit in
het eerste verhaal van de derde dag, een dag waar nu ineens hoofdzakelijk erotische verhalen verteld worden. De hoofdpersoon is Masetto van
Lamporecchio die, zoals de samenvatting zegt, „doet alsof hij doofstom
is en zich als tuinman aandient in een klooster, waar de nonnen elkaar
verdringen om hem in hun bed te krijgen" (p. 170). In overeenstemming
met het thema van de derde dag probeert Masetto met vernuft een fel be-
geerd doel te bereiken" of, zoals hij het in zijn tuinmansjargon uitdrukt:
„Als ik me hier eenmaal genesteld heb (...) zal ik jullie moestuintje eens
bewerken zoals het nog nooit bewerkt is geweest" (p. 172). Zo gezegd,
zo gedaan. Na een tijd heeft Masetto alle acht nonnen tevreden gesteld,

eerst twee, dan drie en dan nog eens drie: „Op een dag gebeurde het echter dat een medezuster hen vanuit het venstertje van haar cel in de gaten kreeg en twee gezellinnen op hun spelletje attent maakte. In een eerste opwelling wilden ze de twee malloten bij de abdis aangeven, maar weldra bedachten ze zich: ze gooiden het met de twee betrapten op een akkoordje en lieten voortaan ook hun moestuintje door Masetto bewerken. En op vergelijkbare manier traden te zijner tijd de drie nog resterende bruiden van Christus eveneens tot het tuinbouwkundige genootschap toe" (p. 174). Nadat tenslotte ook de abdis zich bij het genootschap gevoegd heeft, wordt het voor Masetto te veel van het goede en treft hij een regeling waardoor hemzelf een beetje rust vergund wordt, wat echter niet verhindert dat „in de loop der jaren heel wat kleine nonnetjes en patertjes ter wereld kwamen" (p. 176).

In het algemeen sluit, zoals in bovengenoemd voorbeeld, de verbale humor, het gebruik van metaforen, woordspelingen en uitdrukkingen met dubbele bodem, nauw aan bij het onderwerp van het verhaal, de aard van het personage en de situatie waarin hij of zij verkeert. Het gebruik van dit soort wendingen is dus meestal niet *gratuit*, maar vormt een onderdeel van het verhaal zelf. Dit is duidelijk te zien in het laatste verhaal van de derde dag, zoals reeds gezegd, een van de meest gewaagde verhalen uit de bundel. Het verhaal vertelt de geschiedenis van het uitermate naïeve meisje Alibech, die kluizenaarster wordt en van de heremiet Rusticus leert „hoe zij de duivel naar de hel kan sturen". De „duivel" en de „hel", die in de terminologie van de zeer rustieke Rusticus overeenkomen met respectievelijk het mannelijke en het vrouwelijke geslachtsorgaan, behoren tot een middeleeuwse context van volkse religieuze voorstellingen, die dan ook de achtergrond vormen van het verhaal, dat op twee registers speelt: naast de voorstellingen van hellevaart en duivel die van vroomheid en godsdienst, twee registers echter met dubbele bodem, zoals blijkt uit de volgende passage: „Door haar geestelijke vader telkens weer tot godsdienstoefeningen aan te sporen, spande zij hem op de lange duur het hemd zo krap over zijn achterste, dat hij rilde van de kou waar een ander zou zweten als een paard. Eerst scheepte hij haar af met het argument dat de duivel alleen maar gekastijd en de hel ingejaagd moest worden als hij uit hoogmoed de kop opstak: 'En wij hebben hem godzijdank zo zijn vet gegeven dat hij de Heer smeekt, hem met rust te laten'. Zo wist hij haar een tijdje zoet te houden" (p. 245). Heel wat luchtiger is de metaforiek in één van de verhalen van de vierde dag, een dag waar uitzonderlijk over minnaars verteld wordt „wier liefde een ongelukkige afloop kent". Om de dag niet helemaal treurig te laten verlopen, vertelt Pampinea een verhaal dat, ondanks het feit dat het de grenzen van het opgelegde thema niet overschrijdt, toch vermakelijk is, een verhaal dus waar de held of hoofdpersoon een schurk en bedrieger is en dusdanig een ongelukkig einde verdient. Alberto van Imola, die een „doorslechte kerel" is, verschaft zich door bedriegerij en huichelarij toegang tot de orde van de minderbroeders. In Venetië, waar hij priester is geworden, is hij beroemd voor zijn vroomheid. Niettemin lukt het hem een beeldschone, maar buitengewoon domme Venetiaanse (om de beurten wordt ze „Madonna Olieslim", „Madonna Leeghoofd" en „Vrouw Gans" genoemd) wijs te maken dat de aartsengel Gabriël op haar verliefd is. De vrouw beweert dat die liefde wederkerig is. Broeder Alberto, die de rol van de engel Gabriël op zich neemt, bezoekt haar 's nachts in haar slaapvertrek: „Broeder Alberto, die een gespierde en kloekgebouwde kerel was, met heel wat merg in zijn pijpen, pakte dit malse kippetje op een heel andere wijze aan dan haar echtgenoot en streek die nacht verscheidene keren neer, waarbij hij - zonder vleugels - telkenmale een zachte landing maakte" (p. 272). Ook hier is de metaforiek dus in overeenstemming met de situatie en met de rol die door het personage gespeeld wordt, hetgeen zich doorzet tot aan het moment waar Alberto door de zwagers van de vrouw ontdekt wordt: „Zonder er op enigerlei wijze gewag van te maken, vatten ze het plan op, de engel op heterdaad te betrappen en zijn vliegkunst eens op de proef te stellen" (p. 274).

Uit het bovenstaande kan de indruk gewekt worden dat het erotische doorgaans met het kluchtige en de grap verbonden is. Dit geldt zeker voor een zeer groot deel van de verhalen, maar ook in verhalen met een serieuze toonzetting kan het erotische een plaats hebben. Dit is in het bijzonder het geval in de vijfde dag, waar onder het leiderschap van Fiammetta („Vlammetje") verhalen verteld worden over „liefdesavonturen die ondanks allerlei hachelijke verwikkelingen toch goed aflopen". Het zijn verhalen waarin de liefde geprezen wordt, niet alleen als een natuurlijke kracht maar ook als een kracht die het menselijke gevoelsleven en de menselijke intelligentie verheft. In zijn inleiding op het eerste verhaal „zingt" Panfilo een waar „loflied" aan de liefde: „Eén daarvan (van de verhalen die Panfilo zou kunnen vertellen) is mij bijzonder lief, niet alleen omdat het door zijn gunstige afloop uitstekend past in de thematiek van deze dag, maar ook omdat jullie eruit kunnen leren hoe heilig, machtig en weldadig de Liefde is, die door zovelen in hun bodemloze onwetendheid door het slijk gehaald en vertrapt wordt" (p. 326). Het verhaal zelf, dat vertelt over een jonge man die door de liefde („Amor") „tot verstand" komt, levert het concrete voorbeeld, het „exemplum", van deze stelling. Kimoon, de held van het verhaal, die als een beest is opgegroeid, ondergaat een ware transformatie en verandert door het toedoen van de liefde in een volbloed renaissance-mens met talrijke deugden en talenten: „Dank zij Ifigenia's schoonheid was Amor er dus in geslaagd, een pijl te doen doordringen in Kimoons hart, dat tot dan toe tegen elk gevoel gepantserd had geleken. Dit had tot gevolg dat hij zich tot grote verbazing van zijn vader, zijn verwanten en zijn kennissen, voor allerlei dingen begon te interesseren. Eerst verzocht hij zijn vader, hem dezelfde kleren en sieraden te verschaffen als zijn broers, aan welk verzoek met veel genoegen werd voldaan. Daarna begon hij contact te zoeken met een aantal voortreffelijke jonge mannen om na te gaan hoe een edelman, en vooral een verliefde edelman, zich behoort te gedragen. Op zeer korte tijd wist hij tot ieders verbijstering niet alleen een elementaire kennis te vergaren, maar werd hij zelfs een bijzonder scherpzinnig denker (...) Al zijn nieuwverworven vaardigheden opsommen zou ons te ver leiden; het weze enkel gezegd dat hij amper vier jaar nadat Amor zijn hart had geopend de meest beschaafde, elegante en veelzijdige jongeman was geworden die op heel Cyprus te vinden was" (p. 329).

Een hoogtepunt in de liefdesavonturen van de vijfde dag is het verhaal van Caterina, Ricciardo en de „nachtegaal". Het verhaal is, zoals men zich wellicht herinnert, schitterend in beeld gebracht in de film van Pasolini. De personages behoren tot een hoofs gezin uit de Romagna: een mooie en „bevallige" dochter, enig kind en „oogappel" van haar minzame en zachtzinnige ouders. Ricciardo, die op het meisje verliefd is, haalt haar over om op het terras te gaan slapen, en Caterina dringt bij haar ouders aan om wegens de hitte enkele nachten in de buitenlucht te mogen slapen: „Als ik me op zo'n koele plek ter ruste kan leggen, zal het gezang van de nachtegaal er wel voor zorgen dat ik eerder de slaap vat dan in uw kamer" (p. 350). De vader moppert nog even hierover: „Wat heeft al dat gezanik van de nachtegaal die haar in slaap zal zingen toch te betekenen?", maar geeft toch uiteindelijk zijn toestemming: „laat op het balkon een bed voor haar in gereedheid brengen en zorg voor gordijnen er omheen. Dan kan ze de hele nacht haar hart ophalen aan het nachtegaalslied". Heeft aan het begin van het verhaal het woord „nachtegaal" hoofdzakelijk zijn primaire (denotatieve) betekenis (het doelt op een vogel), dan krijgt het aan het einde van het verhaal een duidelijk secundaire (of connotatieve) betekenis. Het wordt een woord met dubbele bodem en wordt dan ook op die manier met veel ironie door de vader gebruikt. De twee jonge mensen zijn namelijk in de in de volgende passage beschreven houding ingeslapen: „Ricciardo's hoofd lag op

Caterina's rechterarm, terwijl haar linkerhand dat deel van zijn lichaam omsloten hield dat jullie, dames, in aanwezigheid van het andere geslacht uit schroom niet durven te noemen" (p. 351). De vader wordt tegen de ochtend wakker en gaat naar het terras: „We zullen eens kijken of de nachtegaal Caterina zoete dromen heeft bezorgd", denkt hij. Groot is zijn verbijstering als hij het tweetal aantreft. Hij snelt terug in de slaapkamer, maakt zijn vrouw wakker met de woorden: „Sta eens gauw op, vrouw, dan kun je zien hoe verzot je dochter op de nachtelijke zangvogel is. Ze is er blijkbaar in geslaagd hem te verschalken, want ze houdt hem in haar hand". In plaats van de jonge man „uit te schelden voor al wat lelijk is" beslist de vader om hem met Caterina te laten trouwen, „Vrouw, als je mij liefhebt, hou dan je tong in toom: onze dochter heeft de nachtegaal gevangen, welnu, ze zal hem houden. Ricciardo is een welgestelde jongeman van goeden huize. Aan hem heeft Caterina bijgevolg een goede partij. Als hij dit huis in goede verstandhouding wil verlaten, zal hij haar eerst moeten huwen, zodat hij de nachtegaal in zijn eigen en niet in andermans kooitje zal hebben gezet" (p. 352). De moeder is het hiermee eens en wel om twee redenen: „omdat haar dochter toch een goede nachtrust had genoten én de nachtegaal had weten te strikken, deed ze er het zwijgen toe"(ibid.).

De zevende dag vormt een soort tegenhanger van de derde dag, waar hoofdzakelijk erotische verhalen verteld werden. Dit in tegenstelling tot de zesde dag waar deze geheel ontbreken. Zoals reeds boven vermeld, worden de verhalen van de zevende dag verteld in het decor van het „Vrouwendal". Het is dan ook niet verwonderlijk dat de hoofdpersonages in die verhalen allemaal vrouwen zijn en wel vrouwen die „uit liefde of uit zelfbehoud hun man een loer draaien". De verhalen gaan zonder uitzondering over overspel, maar een overspel dat gemotiveerd wordt door de benarde of onbevredigende situatie waarin de vrouw zich bevindt en waarvoor tegelijk een excuus gevonden wordt in de noodzaak van het „zelfbehoud" of het verlangen naar „liefde". Van de verhalen van de zevende dag zijn enkele heel bekend: denk bijvoorbeeld aan Peronella, die haar man in de ton lokt, zodat ze zich zelf ongehinderd met haar minnaar kan vermaken, aan Ghita die eerst door haar man in de koer opgesloten wordt, maar hierna haar man in dezelfde situatie brengt, en aan de vrouw, die haar jaloerse man aan de voordeur de wacht laat houden, terwijl ze zelf haar minnaar door het dak naar binnen laat. De verhalen zijn vol kluchtige en komieke situaties, misverstanden, „quiproquo's" en vermommingen en zijn allemaal volgens één en hetzelfde stramien gebouwd: de vrouw die overspel pleegt, vervolgens riskeert

betrapt of gestraft te worden, maar uiteindelijk door eigen schranderheid
de situatie weet te veranderen of om te draaien, zodat ze zelf vrijuit gaat,
terwijl haar man op de één of ander manier bestraft wordt. Belangrijk is
het verband dat hier tussen liefde en „vindingrijkheid" gelegd wordt.
Zoals Lauretta het in haar inleiding tot het verhaal over Ghita in de volgende tirade uitdrukt: „O Amor, hoe groot is uw macht en uw wijsheid!
Welke wijsgeer, welke kunstenaar, kan ooit de vernuftige redeneringen,
bewijsvoeringen en gevolgtrekkingen bedenken die gij uw volgelingen
ingeeft? Nee, geen leer is zo volmaakt als de uwe" (p. 446) en zoals
over één van de hoofdpersonages gezegd wordt: „Maar Amor, die niet
alleen een trooster der bedrukten is, maar bovendien een onuitputtelijke
raadgever, deed haar toch besluiten ze uit te voeren" (p. 477) en verder:
„De derde opdracht kostte haar meer hoofdbrekens. Maar Amor scherp-
te haar aangeboren vindingrijkheid, en al spoedig kreeg ze een inge-
ving" (p. 479). De metaforiek, die in verband met de voorafgaande
dagen besproken werd, is hier zoals ook in de verhalen van de laatste
dagen aanwezig. In de achtste dag, die ongeveer hetzelfde thema heeft
als de zevende, met de uitzondering dat hier tevens mannen hun vindingrijkheid bewijzen, waardoor ook vrouwen een loer gedraaid wordt, zien
we bijvoorbeeld de akkerbouw-metafoor terugkeren samen met een aan
de situatie aangepaste metaforiek, waarbij bijvoorbeeld huishoudelijke
voorwerpen als „vijzel" en „stamper" van pas komen (p. 497). In de
achtste en negende dag worden de erotische verhalen afgewisseld met
veel anderssoortige verhalen, waaronder een reeks verhalen over de
Florentijnse schilders en grappenmakers Bruno en Buffalmacco die, hoewel ze alsmaar vindingrijke streken uithalen, het meestal niet op dames
maar op een derde schilder, Calandrino, gemunt hebben. Tijdens de negende dag, waar geen vast thema opgegeven wordt en iedereen vrij is te
vertellen wat zij of hij wil, is het erotische vertegenwoordigd door een
verhaal dat uitmunt in grappige situaties, misverstanden, verwisselingen.
In het verhaal komen twee Florentijnse jongemannen aan in een herberg,
waar ze de slaapkamer moeten delen met de herbergier en diens vrouw
en dochter. De enige die tot slapen komt is de naïeve herbergier, terwijl
de één na de ander van de overige leden van het gezelschap alsmaar in
het verkeerde bed terecht komt. Het is de vrouw van de herbergier die
aan het einde van het verhaal door haar vindingrijkheid de situatie voor
iedereen weet te redden.

In de verhalen van de tiende dag, waar verteld wordt „over mensen
die op het gebied van de liefde of op enig ander terrein bijzonder
groothartig of edelmoedig gehandeld hebben" en waar het heroïsche en

hoofse decor van veel verhalen van de allereerste dagen terugkeert, verbleekt de erotiek van de voorafgaande dagen (en in het bijzonder van de derde en zevende dag) ten gunste van een alles omvattende thematiek van ideale, gesublimeerde liefde. De hoofdpersonages zijn voor een gedeelte historische figuren uit de Middeleeuwen of uit de Romeinse oudheid, voor een gedeelte figuren die, zoals Nathan en Griselda, in de wereldliteratuur (in het werk van schrijvers als Lessing en Hauptmann) een grote naam zullen krijgen. Zoals ik reeds eerder vermeld heb, wordt de waarde van de gesublimeerde liefde van deze verhalen enigszins gerelativeerd door het twistgesprek dat, na afsluiting van het Griselda-verhaal, in de kring van de toehoorders gevoerd wordt, terwijl overigens ook de opmerking van Dioneo, die het verhaal verteld heeft, de kluchtige verhalen uit de derde en zevende dag weer in herinnering brengt. Het standpunt van Boccaccio zelf schuilt achter deze ambiguiteit en is natuurlijk niet gemakkelijk te achterhalen.

Zoals bekend heeft Boccaccio met zijn *Decamerone* in de wereldliteratuur veel navolgers gehad. Reeds in de Renaissance zijn er talrijke schrijvers van novellenbundels die, zoals de Italiaan Matteo Bandello en de Franse prinses Marguérite de Navarre, de erfenis van Boccaccio hebben overgenomen. In de *Heptaméron* (1511) van de laatstgenoemde, een novellenbundel die oorspronkelijk als een Franse „Décameron" gepland was, maar onvoltooid bleef (de bundel omvat niet 100 maar 72 verhalen), wordt in het raamverhaal expliciet naar Boccaccio teruggegrepen. Een van de leden van een in een afgrijselijk onweer verdwaald gezelschap stelt aan haar lotgenoten voor om elkaar verhalen te vertellen zoals men ze in de *Decamerone* gelezen heeft, alleen met het verschil dat het authentieke „historische" verhalen moeten zijn: „sinon en une chose différente de Boccace: c'est de n'escripre nulle nouvelle qui ne soit véritable histoire"[5]. Zoals in Boccaccio worden ook hier de verhalen in de buitenlucht verteld, in een omgeving die zo mooi is dat alleen de beschrijvingskunst van Boccaccio haar waardig zou zijn: „Et ne faillirent pas à midy de s'en retourner au pré, selon leur delibération, qui estoit si beau et plaisant qu'il avoit besoin d'un Bocace pour le dépaindre à la vérité"[6]. In onze tijd heeft de techniek van de raamvertelling veel navolging gehad. Dat geldt o. m. voor Italo Calvino, die bijvoorbeeld in het raamverhaal van *Il castello dei destini incrociati* („Het kasteel van de kruisende levenspaden") Boccaccio (en misschien ook Marguérite de

5. Marguérite de Navarre, *L'Heptaméron*, Editions Garnier Frères, Paris 1950, p. 9.
6. Marguérite de Navarre, op. cit. p. 10.

Navarre) her-schrijft. Wat hier in het bijzonder Calvino met Boccaccio verenigt is, naast bepaalde thematische gegevens, ook de waarde die toegekend wordt aan het woord, het verhaal en de literatuur als producent van antistoffen[7] tegen dood, chaos en wanorde. Ook bij de Franse schrijver Michel Tournier komen we een nieuwe en verrassende bewerking van de raamvertelling tegen. In *Le médianoche amoureux* nodigen twee gelieven, die niet meer weten waarover ze met elkaar moeten praten en wiens relatie bijgevolg doodgebloed is, in hun huis aan zee hun vrienden uit om, nog voor hun scheiding, een afscheidsmaal te genieten. Tijdens de maaltijd, die van zonsondergang tot zonsopgang duurt, worden verhalen verteld en na afloop nemen de twee gelieven de beslissing om toch bij elkaar te blijven. Met de verhalen hebben hun vrienden een huis van woorden gebouwd, „une maison de mots où habiter ensemble"[8]. Concluderend kunnen we stellen dat Boccaccio met de vindingrijkheid van zijn verhalen ons een kasteel of een betoverende lusttuin van woorden geschonken heeft. . . . .

7. Zie Italo Calvino, „Exactheid" uit *Zes memo's voor het volgende millennium*, Bert Bakker, Amsterdam 1991, p. 66.

8. Michel Tournier, *Le médianoche amoureux*, Gallimard, Paris 1989, p. 42.

Slapen met open ogen:

Erotiek en tekst in de *Canterbury Tales* van Geoffrey Chaucer

GUIDO LATRÉ

Erotiek en de Renaissance van de gevoelens

In de twaalfde eeuw begonnen grote troubadours als Bernard de Ventadour te zingen over hun unieke relatie met een vrouw. Zij zijn de spreekbuis van een verfijnde groep edellieden, en beschrijven de vrouw in feodale termen, als was zij de leenheer van het leven van de ridder. De hoogst persoonlijke, zelfs intieme relatie met een vrouw wordt norm voor sociaal gedrag. Zowel in de tafelmanieren als in de sexuele code wordt volwassen gedrag gekenmerkt door uitstel van bevrediging. Er wordt behoedzaam geproefd, en de zomer van de liefde wordt voorafgegaan door een lente van verlangen.

De intieme gevoelens die hiermee gepaard gaan, worden publiek geuit. Dit heeft het mogelijk gemaakt dat in onze westerse straten jongen en meisje elkaar openlijk en hartstochtelijk kussen, alsof de wereld niet bestaat. Tegelijkertijd echter ontleent hun zoen zijn waarde aan de publieke manifestatie ervan.

In een Islamitische cultuur is een dergelijke, publieke verklaring van intimiteit nog altijd ondenkbaar. In de onze daarentegen is deze paradox een peiler geworden van onze beschaving. Ook al blijft ook bij ons een zekere behoedzaamheid geboden, want is niet het meest intieme woord of het meest persoonlijke gebaar tegelijkertijd het meest kwetsbare? Als dit woord en gebaar niet in zekere mate geobjectiveerd worden door dichter of kunstenaar, of niet gemanifesteerd worden binnen het romantische kader gecreëerd door een jong koppel, kunnen ze nog altijd overkomen als belachelijk of sentimenteel.

De Renaissance van de twaalfde eeuw, die zich op het seculiere vlak ontwikkelde als de cultuur van de hoofse liefde, vond een religieuze parallel in de mystiek van de Cisterciënzers. In 1992 vierden wij de negenhonderdste verjaardag van de geboorte van Bernardus van Clairvaux. Bernardus had een heel speciale binding met zijn moeder, en benadrukte het vrouwelijke in de religieuze cultuur. Zijn beeld van God wordt niet meer op de eerste plaats bepaald door de Christus-Pantocrator. Boven het hoofdaltaar van de kathedraal in Monreale

(Sicilië) kijkt een dergelijke Christus ons nog aan met een vaderlijk-strenge blik. In de twaalfde eeuw echter wordt de Christus-figuur een echte zoon, een Jezus van Nazareth. In de middeleeuwse voorstelling van het Hooglied wordt zijn liefdevolle blik zelfs een verliefde blik. Bernardus, ook wel eens de „doctor mellifluus" (de honingvloeiende doctor) genoemd, preekt hierover in zijn *Sermones super Cantica canticorum*. De kerkvader koppelt zijn gevoeligheid aan een al even grote helderheid. Dit is zijn versie van het fragiele evenwicht tussen het intieme gevoel en het publieke (s)preken erover. Na hem ligt de weg open voor de ontwikkeling van de Maria-verering, en voor de armoede-bewegingen, die met hart en ziel (vooral met het hart) de arme van Nazareth zullen volgen: Franciscanen, Dominicanen en Norbertijnen.

Een eeuw later dan de troubadours en Bernardus blijkt nog duidelijker dat verfijnde erotiek in de seculiere wereld ook model kan staan voor het religieuze, of omgekeerd. Dat bewijzen groten uit de wereldliteratuur zoals Wolfram von Eschenbach, Hadewijch en Dante. In zijn beroemde *Parzival* vervolledigt Wolfram het verhaal van zijn Franse voorganger Chrétien de Troyes, de vader van de hoofse ridderroman. De hoofse idealen van het hof van Arthur worden hier verbonden met de christelijke mysteries van de Graalburcht - al moet de held uiteindelijk nog een (soms pijnlijke) keuze maken tussen hoofse en religieuze codes. Bij Hadewijch zijn seculier en religieus taalgebruik al hechter met elkaar verbonden. Het „dolen" van de ziel tijdens het „avontuere" herinnert ons aan de queeste van de middeleeuwse ridder, en heeft als doel de mystieke eenwording met Christus.

Bij Dante ten slotte zal de hoofse Beatrice de gelouterde pelgrim het Paradijs binnenleiden. Een hogere plaats voor de geliefde was nog nooit eerder aan iemand toegekend. Eros en agapè worden in het nieuwe ideaal binnen één en dezelfde liefdesrelatie gesitueerd.

In de hoofse cultuur zijn dergelijke relaties vaak onverzoenbaar met het huwelijk. Met Arthur sluit Guinevere een sociaal-politiek contract af; met Lancelot heeft ze een verhouding die in zeldzame momenten van intiem-erotisch samenzijn tot een hoogtepunt gevoerd wordt. Toch kunnen reeds in de middeleeuwen de geliefden ook gehuwden worden, zonder daarbij hun ambitie te moeten laten varen om erotiek te koppelen aan sacraliteit. Wolfram hecht binnen de hoofse tradities al opvallend veel belang aan de standvastigheid (de „staete" tegen alle „zwîvel" in) van de huwelijksrelatie. De sacrale verbinding eros/agapè wordt geleidelijk aan essentieel in de huwelijksband tussen man en vrouw. Waar vanuit maatschappelijk oogpunt het sociaal-economische, contractuele element in het huwelijk voorheen het belangrijkste was, komt het nu in dienst te staan van een hoger ideaal, dat velen als „typisch westers" zullen beschouwen. In de man-vrouw-relatie wordt in onze cultuur bijzonder zwaar geïnvesteerd. De ouder/kind- of gemeenschap/individu-relatie wordt er in vele gevallen door overschaduwd. In een Islamitische traditie kiezen de ouders een partner voor het kind, en bevestigen daarmee de suprematie van de ouder/kind-relatie. Bij ons kiezen de partners zelf, en bestendigen daarmee de vrijheid van het individu zoals die in de Renaissance van de twaalfde eeuw (her)ontdekt werd. Waar voor het volk van God het Hooglied lange tijd een onorthodoxe uitzondering is, wordt het bij de kinderen van de Renaissance een centrale tekst.

De *Canterbury Tales*

De aanhef

De verhalenbundel van Chaucer uit de late veertiende eeuw vangt in zijn Algemene Proloog al meteen aan met een kosmisch huwelijk tussen de maanden maart en april. Met zijn „shoures soote" heeft een mannelijke April de vrouwelijke Maart vruchtbaar gemaakt:

> Als tot haar vezels met zijn zoete vlagen
> April de maartse droogte komt behagen,
> En elke ader krachtig heeft doordrenkt
> Met vocht dat aan de bloem het leven schenkt,
> Wanneer met zachte adem ook de wind
> De tere veldgewassen heeft bemind,
> Als in de Ram de zon met nieuwe kracht
> Haar halve omloop weer eens heeft volbracht,
> En kleine vogels maken hun geluid -
> Zelfs slapend kijken zij nu 's nachts nog uit,
> Zozeer maakt de natuur hen onvervaard -
> Dan willen mensen weer op bedevaart,
> En pelgrims gaan, uit drang naar vreemde stranden,
> Naar een ver schrijn, bekend in vele landen.
> Zij komen uit wel menig Engels graafschap
> En zijn vooral naar Kantelberg op stap,
> Om naar Gods heilige martelaar te gaan
> Die hen bij ziekte steeds heeft bijgestaan.

Het erotische van deze passage uit zich in bedekte toespelingen. Het transcendente en het kosmische worden naar de sensualiteit van de aarde

toe getrokken. Dat gebeurt vooreerst in een reeks bijzinnen die het tijd-
stip voor de pelgrimstocht aanduiden. De voorstelling van de lente is in
de eerste bijzin nog vrij allegorisch; Maart en April zijn gepersonifieerd.
De wind („Zephirus" in de oorspronkelijke tekst) en de jonge zon zijn al
iets dichter bij huis dan het kosmisch-allegorische huwelijk tussen twee
maanden. En met de vogeltjes die uit paardrang slapen met de ogen open
(„That slepen al the nyght with open ye"), wordt het nog huiselijker.
Van allegorie is hier geen sprake meer. De sensualiteit is tot het lichamelijke gereduceerd.

De hoofdzinnen tonen een gelijkaardige spanning tussen hoge geestelijke beweegredenen en fysieke drang. Wij hadden verwacht dat de pelgrims langs vreemde stranden zouden trekken om te bidden bij het
schrijn van hun martelaar. Hier echter worden middelen en doel met
elkaar verward: pelgrims gaan naar verre schrijnen („to ferne halwes")
om exotische stranden te kunnen bezoeken („for to seken straunge stron-
des"). Of zijn ze dan toch geïnspireerd door het heilige voorbeeld van
Thomas Beckett „om naar Gods heilige martelaar te gaan"? Het zou
ook kunnen dat ze meer belang hechten aan de God van de snelle interventie bij ziekte dan aan de God van de genade. Wie zal het zeggen?
Chaucer houdt van ambiguïteit. Menselijke motiveringen zijn complex,
en wat de pelgrim naar het graf van de martelaar brengt, zal wel een
eigenaardig mengsel zijn van vroomheid en lentekriebels. Chaucer lijkt
de laatste te zijn om hierover een oordeel te willen uitspreken.

Chaos en liefde in *Het Verhaal van de Ridder*

De waard van herberg „De Tabbaard" vat een ingenieus plan op om
iedereen twee verhalen te laten vertellen op weg naar en van Canterbury.
Uiteindelijk zal van zijn grote schema weinig terecht komen. De in het
raamverhaal gecreëerde verwachtingen worden niet eens voor één vierde
ingelost (minder dan 25 verhalen in plaats van 120), en we zullen
Canterbury nooit bereiken. We zijn hier ver af van de ordening van de
Decamerone, of van de concentrische cirkels die ons uiteindelijk leiden
naar de hemel van Dante en Beatrice.

Het begint nochtans goed. De ridder vertelt als eerste zijn verhaal, en dat
hoort ook zo in de hiërarchische orde van de pelgrims. Het lot dat hem heeft
aangeduid, heeft blijkbaar zin voor orde en doelgerichtheid. De eerste verteller presenteert ons overigens een ridderroman waarin de hogere krachten
duidelijk present zijn, zoals uit de volgende samenvatting mag blijken.

Twee edellieden die elkaar eeuwige trouw gezworen hebben, Palamon
en Arcite, worden nagenoeg simultaan verliefd op de nobele Emilie. Dit

gebeurt, geheel volgens de regels van de hoofse kunst, in een omsloten tuin (de zogenaamde „hortus conclusus") in de maand mei. Daar beiden gevangen zitten in Athene en de edele jonkvrouw enkel vanuit hun gevangenisraam kunnen zien, blijft Emilie onwetend over hun gevoelens. Tussen hun verlangen en de bevrediging zal dus heel veel tijd verlopen. Maar of ze daardoor veel volwassener zullen worden, is nog zeer de vraag. Ze hebben haar nog maar pas gezien, of ze beginnen al te kibbelen over wie nu recht heeft op haar liefde. Hoe de onwetende Emilie daar zelf over denkt, lijken ze zich niet af te vragen. En als ze uiteindelijk vrij komen, beginnen ze zonder scheidsrechter of enige vorm van organisatie op elkaar in te hakken, als waren ze wilde varkens. Is dit de liefde die edeler maakt?

Een tussenkomst van hogerhand lijkt de enige oplossing. De orde wordt, zoals telkens opnieuw gebeurt in dit verhaal, hersteld door Theseus, de hertog van Athene. Op zijn beurt wordt hij geleid door Jupiter, die in de Olympos een gelijkaardige rol van vredestichter speelt. Bewogen door zijn zin voor hiërarchie én door het medelijden dat de vrouwen hebben met de radeloze ridders, organiseert hij een tornooi. Rond het slagveld worden tempels gebouwd voor de goden. Mars steunt Arcite, Venus Palamon, en Emilie gaat bidden bij Diana, die zoals de maan wel eens de neiging heeft van vorm en sympathie te veranderen. De vader van Theseus voorspelt een sombere toekomst en lijkt daarin gesteund door Saturnus, de vader van Jupiter. Binnen deze opvatting is ons lot blind, en kan het dus niet echt zin en vorm geven aan ons leven. Maar medevoelen en orde lijken het uiteindelijk toch te halen. Arcite wint de strijd, zodat Mars zijn zin krijgt, maar doet een dodelijke val. Palamon heeft meer geluk in de liefde dan in het steekspel, en trouwt uiteindelijk de mooie Emilie.

Zijn liefde is duidelijk gekoppeld aan zowel het aardse contract als de hemelse lotsbestemming. Hoofse gevoelens worden ook hier, in veel sterkere mate dan bij de Franse troubadours, gekoppeld aan maatschappelijke afspraken. Toch blijft er het pijnlijke besef dat bloedbroeder Arcite hiervoor geslachtofferd moest worden. Het is maar een magere troost dat de strijd, dank zij de interventie van hogere machten, een regulier gevecht is geworden in plaats van een wild treffen.

Meesterschap in en buiten het huwelijk

Problemen blijven er ook in *The Franklin's Tale*. Met zijn burgerlijke realiteitszin vertelt de vrije landeigenaar (de zogenaamde „franklin") een ridderverhaal waarbij precies de verbinding tussen de hoofse verloving en het contractuele huwelijk problematisch blijkt. Binnenshuis zal Dorigen voor Arveragus op haar hoofse voetstuk blijven staan, maar naar de buitenwereld toe zal hij duidelijk de leiding nemen. Dit zou tot een evenwicht moeten leiden in hun relatie, en dit lijkt ondanks alle verleidingen nog aardig te lukken ook, maar toch blijven hoofse erotiek en sociaal contract zich manifesteren op duidelijk gescheiden terreinen. De machtsverhouding tussen man en vrouw is slechts evenwichtig dank zij een scheiding van bevoegdheden: zij domineert in de intieme wereld van gevoelens, hij in de publieke wereld van de maatschappelijke orde.

Het motief van de „Maistrie" of heerschappij in de liefdesrelatie wordt verder ook uitgewerkt in de beroemde *Proloog op het verhaal van de Vrouw van Bath*. Zij parodieert de gezagsargumenten uit de antifeministische teksten van kerkvaders en clerici. Haar woorden zijn gesteund op ervaring en niet op wat de boeken zeggen - of zo beweert ze althans. Met de vijf echtgenoten die ze gehad heeft en haar talrijke minnaars is ze in ieder geval een vrouw van de praktijk („experience").

Ze hoedt er zich voor de man-vrouw-relatie als evenwichtig te zien. Eén van de twee partners is voorbestemd om te overheersen - en laat het in haar geval dan maar de vrouw zijn, hoezeer ook het verhaal van de student uit Oxford (*The Clerk's Tale*) het tegendeel illustreert. Deze visie ondersteunt zij met haar eigen verhaal over een queeste naar wat de vrouwen het meest verlangen. Het antwoord: dominantie („maistrie"). De Vrouw uit Bath deelt ook letterlijk de lakens uit, of verkoopt ze met nog meer succes, zo wordt gezegd, dan haar concurrenten uit Ieper en Gent. Alleen genot in bed is haar nog dierbaarder dan de uitbreiding van haar lakenhandel en bezit.

De hemel op zijn kop in de fabliau

Zowel in zijn *Troilus en Criseyde* als in de ridderverhalen van de *Canterbury Tales* heeft Chaucer telkens heel wat vragen rond de hoofse liefde, respectievelijk het hoofse huwelijk. Het genre van de hoofse ridderroman zelf komt door zijn bevraging in het gedrang. Chaucer lijkt zich op het eerste gezicht veel meer in zijn element te voelen in het genre van de Franse „fabliau," dat zoals de ridderroman eveneens ontstaan is in de twaalfde eeuw. Dit genre mag niet verward worden met dat van de „fabel." Waar in de fabel dieren menselijke eigenschappen toegedicht krijgen, worden in de fabliau mensen voorgesteld die zich als beesten gedragen. De dronken molenaar wil meteen na de ridder zijn verhaal vertellen, en stelt het voor als „a noble tale for the nones" (warempel een edel verhaal). In de praktijk blijkt de driehoeksrelatie waar hij het over zal hebben niet meer, zoals bij de ridder, een „triangle of love" te zijn, maar veeleer een „triangle of lust". Zijn verhaal is een „cherles tale" - de schuine mop van een „kerel" of dorper. Toch is hiermee het laatste woord niet gezegd, zoals later mag blijken.

Het verhaal van de Baljuw, dat op dat van de molenaar volgt en in zekere zin als wraak bedoeld is, laat weinig plaats voor hoofs verlangen. We krijgen eerst een uitgebreid relaas over hoe twee studenten zich ondanks al hun voorzorgen toch hebben laten bestelen door een molenaar. De molenaar heeft hun paard op hol laten slaan, en noodgedwongen moeten de studenten de nacht doorbrengen in zijn nederige woonst. Er komt een vluchtige ontmoeting tussen de eerste student en de dochter van de molenaar, die tot dan toe nauwelijks een rol gespeeld heeft in het verhaal. Voor ze zich goed kan realiseren wie bij haar in bed gekropen is, is het al raak: „And shortly for to seyn, they were aton." Ook de andere student voert een rauwe parodie op van de hoofse geleidelijkheid. Hij eist zijn deel op van de vreugde door in een spel van vergissingen de plaats van de molenaar in te nemen bij de molenaarsvrouw: „He priketh harde and depe as he were mad" (stoot hard en diep alsof hij krankjorum is). Zoveel heeft ze in jaren niet genoten.

Dat mensen met genoegen hun duivels ontbinden, blijkt in een nog veel cynischer beschrijving van de erotiek in het verhaal van de Koopman. Ook hier gaat het om een fabliau, en zouden de hoofdrolspelers van lagere komaf moeten zijn. De koopman stelt ze echter voor als aristocraten. De oude Januari heeft de jonge Mei verleid met zijn centen. Hij is een typische *senex amans* uit de fabliau. Hij spiegelt zichzelf voor dat hij door het innemen van de nodige afrodisiaca en het aanleggen van een hoofse tuin, de zaak wel kan redden. Maar of Mei zich met hart en ziel bemind voelt, is een andere vraag. Een zekere Damiaan ligt al op de loer, en aan hem heeft ze na een bijzonder korte aarzeling haar hart verpand.

Wanneer hij op een mooie morgen het gekoer van de tortel hoort, acht Januari het moment geschikt om zijn duifje naar zijn liefdestuin te lokken. Hij doet dat met een uitnodiging die rijkelijk gebruik maakt van termen uit het Hooglied om zijn „white spouse" te verleiden (in het Hooglied heeft de geliefde, zoals bekend, een opvallend *donkere* huidskleur: „nigra sum sed formosa..."). Zij heeft ondertussen haar Damiaan naar binnen gesmokkeld en plaats laten nemen in de pereboom - de courante fabliau-pendant van de hoofse eglantier. Geen moment laat hij haar los, want met zijn ondertussen blind geworden ogen kan hij haar handel en wandel niet meer controleren. Zij doet alsof ze zwanger is en zo nodig van de kleine groene peertjes moet proeven. In werkelijkheid is Januari er nog niet in geslaagd haar in het liefdesspel te ontgroenen. Hij stemt erin toe haar een steuntje te geven om in de boom te komen, waar zich ogenblikkelijk de meest acrobatische coïtus voltrekt uit de geschiedenis van de wereldliteratuur.

Maar ook nu waken de goden. De episode ontwikkelt zich als een parodie van de goddelijke tussenkomsten in het verhaal van de Ridder. Pluto, die de heerschappij heeft van de Onderwereld, en Proserpina, die zich van mei tot in de herfst hieraan mag onttrekken, hebben vooraf al beslist dat ze respectievelijk Januari en Mei zullen steunen. Hun debat is geen hoogstaande filosofische conferentie over het doel van het leven en het lot van de mens. Het lijkt eerder op huiselijk gekrakeel - de Griekse Olympos op zijn smalst. Op het kritieke moment zal Pluto de ogen van Januari openen, maar Mei zal hem dank zij Proserpina meteen van antwoord kunnen dienen: „Wat ik doe is de beste remedie tegen je blindheid." Ze voegt er voorzichtigheidshalve aan toe dat zijn gezicht weliswaar verbeterd is, maar dat hij blijkbaar niet heeft opgemerkt dat zij in werkelijkheid met Damiaan aan het vechten was.

De blindheid van Januari is symbolisch. Wat hij niet ziet, is zijn zelfbedrog. Wat hem een cohabitatie van man en vrouw toeschijnt, zou in werkelijkheid wel eens een voortdurende strijd kunnen zijn. En de goden lijken niet meteen geneigd deze spanning in een kosmische verzoening te laten uitmonden. Dit is de cynische werkelijkheid die de grove leugen van Mei toedekt voor Januari, en tegelijkertijd reveleert voor ons. De verbinding tussen liefde en orde, waarop we in *Het verhaal van de Ridder* nog konden hopen, is hier totaal onmogelijk geworden.

Waar *Het verhaal van de Koopman* de blindheid van het Fatum laat wedijveren met de blindheid van de mens, houdt Nikolaas in *Het verhaal van de Molenaar* zijn ogen wijd open. Hij logeert bij timmerman Jan in Oxford, en is een wakkere student astrologie (in die tijd nauwelijks onderscheiden van de astronomie). Zijn doel is een nacht met Alisoen, de jonge wezel van een vrouw waar de oude timmerman (ook hier weer een *senex amans*) mee getrouwd is. Zijn voorpretjes zijn hoorbaar in de wijze waarop hij vol overgave het *Angelus ad virginem* zingt. Hier is duidelijk een echo aanwezig van de relatie tussen timmerman Jozef en de maagd Maria. In de mysterie- of wagenspelen was de verbazing van Jozef een populair motief. Ook hier weer gaat het om de relatie tussen de man, de maagd en de heilige spiritualiteit die de liefde hetzij tot voltooiing brengt, hetzij in de weg staat.

Waar in de hoger vermelde fabliaux de lusten zonder uitstel en op onhoofse wijze botgevierd werden, voert Nikolaas een spel van uitstel ten tonele dat al even nutteloos is als gewiekst. Hij sluit zich op in zijn kamer. Door een gat onder de deur ziet timmerman Jan hoe Nikolaas met open mond de sterrenhemel blijft aanstaren. Met het nodige bier wordt hij weer bij zijn positieven gebracht. Hij vertelt het verhaal van een nieuwe zondvloed die op komst zou zijn en erger zou worden dan die van Noach. De timmerman moet drie troggen laten bengelen aan een touw onder het dak. In de eerste zal hijzelf zitten, in de tweede Nikolaas, in de derde Alisoen. Op het gepaste moment zal Nikolaas een teken geven, waarop Jan het touw door moet hakken met zijn bijl om rustig te kunnen dobberen op het opgestegen water.

Wanneer Jan goed en wel aan het snurken is in zijn tobbe, gaan Nikolaas en Alisoen naar bed. Daar is nu „the revel and the melodye" - het genot en de muziek. De melodie kunnen we ook nu weer rustig hemels noemen; in de verte horen we de klok luiden voor de lauden, en vrome broeders beginnen te zingen in hun koorbanken.

Op dit eigenste moment komt ook Absalon, de koster-barbier, zijn hoofse liederen kwelen onder het raam van Alisoen. Hij heeft zijn „giterne" bij zich - een weliswaar veel minder krachtig instrument dan het psalter van Nikolaas. Hij is het type van de verwijfde vrijgezel met falsetstem, en acht zijn ogenblik nu gekomen:

De eerste haan heeft nog maar pas gekraaid,
En kijk hoe Absalon zijn kleren graait.
Van top tot teen kleedt hij zich fleurig om.
Op zoethout kauwt hij eerst, en kardemom,
Om goed te ruiken; dan kamt hij zijn lokken.
En om zijn dame nog meer te verlokken,
Houdt hij onder de tong wat Pariskruid.
Naar 't huis van Jan gaat hij er nu op uit.
Bij 't raam met luiken blijft de minnaar staan.
Hoog is dat niet - zijn borst kan er net aan.
Voorzichtig kucht hij met een zacht geluid:
„Wat doe je, honingraatje, liefste bruid,
Zoete Alisoen, mijn duifje, mijn kaneel,
Ontwaak en spreek, ik vraag toch niet teveel?
Hoe weinig maar denk jij nu aan mijn leed:
Waar ik ook ga, ik sta vol liefdeszweet.
Wees niet verbaasd als ik nu zweet met schepels,

Ik smacht net als een lam doet naar de tepels.
Ik voel de liefdesdrang en smacht, mijn lief,
Zoals een tortel hunkert naar zijn hartedief.
Van voedsel neem ik minder dan een maagd."
„Onnozele Hans, je hebt genoeg gezaagd.
Weet goed dat ik al van een ander hou -
Zo hoort het ook - veel meer nog dan van jou.
Laat mij weer slapen en ga nu toch heen,
In duivelsnaam, of 'k gooi nog met een steen."

Ook hier weer horen we tussen de „slapstick" door de echo's van het Hooglied. In het Oude Testament is Absalon de zoon van Salomon, de vermeende maker van het *Canticum canticorum*. In het verhaal van Chaucer heeft hij zelfs de lange lokken van de oorspronkelijke Absalon geërfd. Hij maakt een uitvoerige selectie uit het kruidenrekje van het Hooglied, en ook de menagerie van duiven en lammeren uit deze tekst ontbreekt niet.

Na veel aandringen opent Alisoen de luikjes van het lage raam van de slaapkamer, en offreert prompt haar aars. In de pikdonkere nacht ziet Absalon niet of hij het bij het rechte eind heeft, geeft zijn tedere kus, maar moet de honende opmerking van Nikolaas horen dat hij een baard gezoend heeft. De ontstemde barbier druipt af met zijn gitaar, en zint meteen op wraak. Hij keert terug met een gloeiend ploegijzer. Weer vraagt hij een zoen. De geamuseerde Nikolaas vergeet zijn sofisticatie, en biedt zijn aars aan met een donderende wind erbij. Absalon heeft echter zijn ploegijzer klaar. En of je nu je achterste verbrand hebt of een ander lichaamsdeel, waar je om roept is een probaat middel tegen brandwonden: „Water, water!" Dit roept ook Nikolaas, waarop Jan de timmerman ogenblikkelijk zijn koord doorhakt, naar beneden tuimelt, en een arm breekt. Tot groot jolijt van de hele buurt overigens.

Deze fabliau schittert door een uitgebreide karakterisering die we in het anders zo functionele genre van de fabliau niet zouden verwachten. De timmerman geeft meer om zijn vrouw dan normaal is in een fabliau, en waarschuwt tegen de menselijke inmenging in de „pryvetee" van God. Ook de verteller heeft al gewaarschuwd tegen de inmenging in de „privacy" van God en vrouwen. Nikolaas waagt zich te ver met zijn sterrenkijkerij. Liefde, Goddelijke Voorzienigheid, menselijke vrijheid en inventiviteit worden nog maar eens met elkaar in verband gebracht. Dat fabliau-karakters hierdoor humane en zelfs filosofische trekjes krijgen, is een stunt van Chaucer.

Maar nog meer dan door de binnen dit genre onconventionele motieven en karaktertekening, overtuigt deze fabliau door de uiterst verfijnde combinatie van grove kluchten. De klucht van de zondvloed, van de gedupeerde barbier en de vrouwelijke baard, van het ploegijzer en de verbrande aars, en van de bedrogen timmerman, hadden elk hun afzonderlijke bestaan kunnen blijven leiden, zoals dat het geval is in andere, onder meer Vlaamse, fabliaux die Chaucer tot bron hebben gediend. Chaucer heeft hier schuine moppen aaneengeregen om een haast Aristotelische ketting van oorzaken en gevolgen te maken. Het causaliteitsprincipe bereikt een komisch hoogtepunt wanneer de timmerman de kreet „Water! Water!" hoort, en deze woorden „kosmisch" interpreteert. Voor hem staan ze in verband met de zondvloed - een andere (sub)plot dan die waarvoor de woorden bedoeld waren.

Er zit dus nog meer verfijning in het raderwerk van de structuur dan in dat van de afzonderlijke karakters. Achter de rug van de Molenaar knipoogt een andere, zeer gewiekste, verteller naar de lezer of toehoorder. Hij laat de structuur uitstijgen vér boven wat de Molenaar als verteller aankan, of wat in het genre van de fabliau gebruikelijk is. In de *Canterbury Tales* als geheel creëert hij een nestedoosje van verhalen binnen verhalen, en vertellers achter vertellers, die elkaar voortdurend relativeren.

Chaucer is een meester in het relativeren. Het blijkt uiterst moeilijk om de grote liefdesdroom van de Renaissance van de twaalfde eeuw te realiseren binnen én buiten het huwelijk. Wellicht is het de arme weduwe in de fabel getiteld *The Nun's Priest's Tale*, die in de *Verhalen van Kantelberg* nog het meest aanspraak kan maken op het harmonisch samengaan van ziel en lichaam. Zij is de tevreden eigenares van een kippenren. Chauntecleer en Pertelote (haan en kip) pretenderen dat het een neer-"hof" is waar ze een hoofse liefdesrelatie met elkaar in stand houden. Maar als Chauntecleer, om zijn nachtmerrie over een vos te vergeten, twintig keer met haar copuleert nog voor zonsopgang, hebben we zo onze twijfels over hoofse huwelijken. Dit verhaal is de meest verfijnde komedie van Chaucer. Het speelt een uiterst geraffineerd spel met elkaar steeds relativerende motieven, genres en vertelstandpunten. Een spel dat overigens te complex is om hier voldoende uitgelegd te worden.

Besluit

Erotiek en spiritualiteit in liefdesrelaties zijn slechts twee van de motieven die Chaucer door zijn verteltalent weet te relativeren. Toch is hun belang zeer groot. Waar karakters de speelbal zijn van hun lusten, krijgt de lezer/toehoorder de kans een spiritueel pakt te sluiten met een „auctoritas," een auctorieel verteller achter de schermen. Omgekeerd zal diezelfde verteller voortdurend zijn conventionele, haast goddelijke alwetendheid afstaan aan pelgrim-vertellers. Die lijken vaak, zoals de dronken molenaar, alleen oog te hebben voor het erotische-bij-het-vulgaire-af. Toch zullen ook zij op hun beurt weer andere autoriteiten citeren, zodat het geheel weer boven het louter zinnelijke uitstijgt. Chaucer verfijnt grof materiaal. Zelfs *Het verhaal van de Koopman* stijgt in zijn ruimere context en publieke lectuur ver boven het pornografische uit.

Wat Chaucer in de vertel-akt zelf moeiteloos lijkt te bereiken, blijkt veel moeilijker te zijn in de school van het leven. Geen enkele liefdesrelatie lijkt een volkomen evenwicht te vinden tussen verlangen en bevrediging, privé-leven en de openbare uiting ervan, lichaam en geest, man en vrouw. Voor de ontrouw van Criseyde toont de auteur dan ook alle begrip. Hij doet dat in een „ridder"-roman die aan de grote psychologische romans van de negentiende eeuw laat denken.

Toch is Chaucer niet de realist waarvoor hij vaak wordt aangezien. Uiteindelijk doet de meester-verteller wat andere groten uit de wereldliteratuur doen: hij beschrijft niet zozeer een realiteit, maar houdt door zijn vertelkunst een droom in stand - de droom van een westerse beschaving die erotiek als een uiting wil zien van spiritualiteit.

Bibliografie

- De meest betrouwbare wetenschappelijke editie van de *Canterbury Tales* is te vinden in Larry D. Benson (ed.), *The Riverside Chaucer*, Boston: Houghton Mifflin Company, 1987 (ook uitgegeven door Oxford University Press).
- De beste moderne Engelse versie op dit ogenblik is de versvertaling van David Wright, *Geoffrey Chaucer: The Canterbury Tales*, Oxford: Oxford University Press, 1985.
- De Nederlandse vertalingen in dit artikel zijn van Guido Latré. Hij maakt hierbij gebruik van proeven van vertalingen door een team van licentiaatsstudenten van de K.U. Leuven. Het is de bedoeling uiteindelijk een volledige Nederlandse versvertaling te publiceren van de *Canterbury Tales*.
- Een uitstekende gids, met besprekingen van de verhalen en verwijzingen naar verdere lectuur, is het recente boek van Helen Cooper, *The Canterbury Tales*, Oxford Guides to Chaucer, Oxford: Oxford University Press, 1989 (in paperback met correcties in 1991).

Don Juan, un hombre sin nombre of un nombre sin hombre?

JAN HERMAN

Drie don Juans

Wanneer we het over Don Juan hebben, moeten we vooreerst duidelijk stellen dat meer dan één Don Juan het literaire pad heeft bewandeld.
Tenminste drie figuren, alle drie te situeren in het Spanje van de zestiende en de zeventiende eeuw, zijn voor onze zoektocht door het Don
Juan- landschap van belang. Vooreerst is er **Don Juan van Oostenrijk**,
de held van Lepanto. Dit authentiek, historisch personage is de minst
literaire van de drie. We vinden hem weliswaar terug, in zijn historische
rol van bevelhebber van de vloot van Filips II, in onder meer een novelle
van de Frans schrijvende Belg Gilles Nélod en in een werk van
Apollinaire, toch was voor dit onechte kind van Keizer Karel nooit echt
een literaire carrière weggelegd. Hij is de man die in 1571 de Westerse
wereld behoedde voor een massale invasie van de Turken. Zijn overwin-
ning in de historische zeeslag bij Lepanto maakte een definitief einde
aan de opmars van de Turken in het Middellandse-Zeegebied.

De tweede in rang op de literaire ladder is **Don Juan de Manara**.
Deze eveneens historische figuur werd geboren in 1627 in Sevilla. Tot
op zijn eenentwintigste levensjaar leidde hij een uiterst losbandig leven.
Hij sloot nadien een huwelijk uit liefde en na de dood van zijn vrouw
bekeerde hij zich. Hij liet een hospitaal bouwen en een kapel, die trou-
wens nog altijd bestaat. Don Juan de Manara wordt ook wel eens de Don
Juan van Vlaanderen genoemd. De Vlaamse component van deze Don
Juan komt onder meer naar voor in een beroemde novelle van Mérimée,
Les âmes du purgatoire (1834). *Na een liederlijk leven aan de
Universiteit van Salamanca, waar hij onder meer de mooie Donna
Teresa verleidt, haar zuster vermoordt evenals haar vader, vlucht Don
Juan de Manara naar Vlaanderen, waar hij dienst doet in het Spaanse
bezettingsleger. Na de dood van zijn ouders keert hij naar zijn geboor-
testad Sevilla terug. Hij maakt er de balans op van zijn misdrijven en
stelt vast dat alleen God nog op zijn palmares ontbreekt. Hij besluit een
non te verleiden. Teruggekeerd in het voorouderlijke slot wordt
Don Juan echter gefascineerd door een schilderij dat de zielen in het
vagevuur voorstelt. Het lijkt hem alsof een macabere stoet aan hem*

voorbijtrekt: een stoet van zielen uit het vagevuur die zijn eigen ziel begeleiden. Dit visioen betekent een keerpunt in de lotsbestemming van Don Juan: hij bekeert zich, wordt monnik en sterft na een levenseinde van boetedoening.

We vinden deze Vlaamse Don Juan ook nog terug in een werk van bij ons: *Don Juan en de laatste Nimf* van Hubert Lampo (1942). *Gedurende een rit te paard naar Antwerpen overpeinst soldaat Juan zijn leven dat verging in het veroveren van vrouwen. Tijdens het beleg van Antwerpen zal Don Juan zijn enige echte liefde beleven.*

Deze Don Juan de Manara vertoont meer dan één gelijkenis met de Don Juan die onze aandacht verder gaande zal houden: **Don Juan Tenorio**, de verleider en bedrieger die onsterfelijkheid verwierf doorheen de werken van Molière en Mozart. Don Juan Tenorio doet zijn intrede op de literaire scene met het toneelstuk van Tirso de Molina, *El Burlador de Sevilla*, dat rond 1630 voor het eerst werd opgevoerd. Evenals zijn evenknie Don Juan de Manara is Don Juan Tenorio afkomstig uit Sevilla, Tenorio en Manara leiden een even liederlijk leven en het trotseren van de goddelijke moraal kenmerkt hen beiden. Alleen bekeert Don Juan de Manara zich en de andere niet. Nergens treedt de doods- en de Godsverachting van Don Juan Tenorio zo nadrukkelijk naar voor als in de finale van *Don Giovanni* van Mozart: -Pentiti!, schreeuwt het standbeeld van de Commandeur, -no!, brult Don Giovanni, -Pentiti!, -No, no, no!. -Tempo non v'è, uw tijd is om, zo luidt het verdict van de Commandeur, en hij sleurt Don Giovanni de hel in.

Een ander onderscheid betreft het ontologische statuut van beide Juans. Don Juan Tenorio is een literair product, een mythische figuur, die onstaan is door de fusie van verschillende themata uit de Spaanse en universele folklore, daar waar Don Juan de Manara, evenals Don Juan van Oostenrijk, een historische figuur is geweest. Een aantal Don Juan-specialisten is bezweken aan de verleiding om in Don Juan de Manara een model te zien dat Tirso zou hebben geïnspireerd bij het schrijven van zijn *Burlador*. Manara zou de echte Don Juan zijn geweest. Een erg problematisch standpunt, vermits Manara amper drie jaar oud was op het ogenblik dat het stuk van Tirso in première ging. Volgens André Castelot verliep de beïnvloeding tussen beide Juans net andersom: Manara hete eigenlijk Don Miguel de Manara, en het zou precies door het zien van het stuk van Tirso geweest zijn dat aan deze Don Miguel een roeping van verleider werd geopenbaard. Don Miguel werd Don Juan.

De Mythe van Don Juan

Het is geen sinecure om van Don Juan Tenorio een welomschreven beeld te vormen. De identiteit van Don Juan Tenorio valt moeilijk te vatten doorheen het onmetelijk aantal versies van eenzelfde mythisch gegeven. Volgens Jean Rousset kan men terecht over een mythe van Don Juan spreken. Onder de tekst van *El Burlador de Sevilla* vermoeden wij het bestaan van een substraat, van een soort legendarische humuslaag, waarin eeuwenoude riten en culten overleven. We komen hier vanzelfsprekend op terug. Maar wat is een mythe? Met deze vraag verheffen we Don Juan tot een antropologisch verschijnsel, maar ook tot een literair product. In zijn werk *Über den Ursprung der Sprache* schrijft de Duitse Romanticus Friedrich Herder dat de eerste mensen allen dichters waren. Vanuit zijn romantische visie op taal bedoelt hij hiermee dat de eerste mens het privilegie genoot de dingen te kunnen benoemen, ze een naam te kunnen geven. Een ding een naam geven betekent het omcirkelen met een hoeveelheid woorden. Soms volstaat één woord niet. Zo zou elk gedicht een poging tot benaming zijn van iets onzegbaars. Uit het zeggen van de complexe werkelijkheid betrekt de literatuur haar zin. Volgens Geneviève Droz nu is de mythe de uitdrukking van het onvatbare. Sommige werkelijkheden zijn slechts vatbaar doorheen het fictionele verhaal. Mythos is datgene wat het mogelijk maakt te spreken over datgene waar Logos geen vat op heeft. In die zin is de Don Juan-materie inderdaad van mythische aard.

Wanneer we heden ten dage over Don Juan, of over een Don Juan spreken, dan bedoelen we meestal een figuur die de incarnatie is van het aardse plezier, van de lichtzinnige en onverzadigbare liefde, van de frivoliteit en de losbandigheid. De vraag die we ons hier zullen stellen is onder meer of dit imago van de ontembare verleider wel beantwoordt aan wat we de essentie van de mythe van Don Juan kunnen noemen. Ligt het wezen van Don Juan Tenorio in het verleiden, in het erotische genot?

De Receptie van de Don Juan-stof

Volgens Claude Lévy-Strauss bestaat de tekst van een mythe uit het geheel van al haar versies. Welnu, in het geval van Don Juan is dit aantal haast ontelbaar: in de zeventiende eeuw bezet Don Juan de scène, we vinden hem terug in het theater. We spraken reeds over Tirso de Molina, we moeten uiteraard ook Molière vermelden. Deze scharniermomenten van de mythe zijn slechts pieken in de literaire productie rond Don Juan.

Voor Molière in 1665 zijn Dom Juan op de planken bracht, hadden een zekere Dorimon en een zekere Villiers hem dit voorgedaan, respectievelijk in 1659 en 1660. Binnen ditzelfde decennium treffen we nog de versie aan van Rosimond uit 1669.

Don Juan vond de weg naar Frankrijk via Italië, waar hij een Commedia dell'arte-figuur geworden was. In de Commedia dell'arte improviseerden de acteurs deels hun vaak volkse teksten. De voorstellingen van *Il convitato di pietra* (de stenen gast) in de Comédie italienne te Parijs rond 1660 hadden zo'n succes dat al gauw Franse versies van het stuk op de planken werden gebracht, van Villiers, van Dorimon, van Molière, van Rosimond.

Op hetzelfde ogenblik, in 1669, doet, in Italië, Don Juan zijn intrede in het dramma per musica, in de opera dus. Een eeuw later vormt *Don Giovanni* van Mozart een ander scharniermoment in de evolutie van de Don Juan-materie. Maar voor Mozart hadden, vooral in Italië, Calegari, Righini, Tritto, Albertini, Fabrizi, Gardi en Gazzaniga Don Juan reeds laten klinken. Allemaal vergeten componisten, wier Don Juan-versies zich alle aandienen binnen het decennium dat aan de *Don Giovanni* van Mozart voorafgaat, d.i. tussen 1777 en 1787. Gluck van zijn kant getuigt van de aanwezigheid van Don Juan in het ballet, en ook van een Don Juan in het marionettentheater zijn voorbeelden te noemen.

Met de Romantiek, en vooral dan met de Duitse schrijver E.T.A. Hoffmann, doet zich een nieuwe wending voor in de Don Juan-evolutie: Don Juan doet zijn intrede in de roman. Musset, Gautier, Sand, Flaubert, Villiers de l'Isle-Adam, Apollinaire, J.Delteil, M.Jouhandeau, L.-R.des Fôrets, M.Butor vinden we allen in de Franse Don Juan-bibliografie terug. Na 1921 doet zich in Spanje een ware Don Juan-boom voor in de roman. In een belangwekkend artikel in de Madrileense krant *El Sol*, zette de Spaanse denker José Ortega y Gasset romanschrijvers en intellectuelen ertoe aan de in zijn ogen typisch Spaanse Don Juan-figuur te laten herleven in de roman en in het essay. Alleen al in datzelfde decennium beantwoordden Unamuno, Azorin, Dicenta, Grau, Paso en vele anderen deze oproep.

Don Juan Tenorio heeft ook aanleiding gegeven tot een zeer rijk essayistisch oeuvre. Iedereen zal wel de tekst van Kierkegaard kennen over de *Don Giovanni*. Kierkegaard, Nietzsche, P.-J.Jouve, Camus...het zijn allemaal denkers die bij Don Juan, en meestal vooral bij *Don Giovanni*, stil zijn blijven staan.

Wat uit dit zeer beknopte receptie-overzicht moet blijken, is vooral dat er kernen van intensieve Don Juan-productie vallen aan te stippen en dat Don Juan nooit is weggeweest, niet uit het theater, niet uit de roman, niet uit het essay, alleen misschien een beetje uit de muziek, hoewel we toch weer de laat-romantische *Don Juan* van Richard Strauss kunnen vermelden. Dat deze belangstelling internationaal is en zich geenszins beperkt tot Spanje is een andere vaststelling.

Grosso modo laat dit immense veld zich opsplitsen in twee grote deelvelden: voor 1800 en na 1800. Alleen al het onderzoek van de titels is revelerend. Voor 1800 komt de naam Don Juan zelden voor in de titulatuur. De voor-Romantische titels zijn haast altijd identiek: *L'invité de Pierre, il convitato di pietra, el combidado de piedra, le festin de pierre*. Ofwel, en vaak is dit de ondertitel: *Le fils criminel, l'athée foudroyé, il dissoluto punito*, enz. Deze regelmaat in de titulatuur toont aan dat in de Don Juan-stof van voor 1800 het wrekende standbeeld - de vaderfiguur volgens sommigen - een essentiële rol speelt, evenals de straf die Don Juan niet kan ontlopen. Don Juan als mythe bestaat slechts in functie van het einde, van de triomf der deugdzamen.

Na 1800 verandert de titulatuur aanzienlijk. Nog steeds vallen titels op als *La Fin de Don Juan, La Vieillesse de Don Juan, La dernière nuit de Don Juan,* enz. Het einde van Don Juan is echter niet altijd meer de straffe Gods. In een aantal (vaak Spaanse) versies bekeert Don Juan zich, versmelt hij met Don Juan de Manara; elders begint hij de trekken te vertonen van Sint-Franciscus (Azorin), nog elders behoort een huwelijk met Theresa van Avila tot de mogelijkheden (Delteil). Elders kan Don Juan zich verheugen in een zeer rijk nakomelingschap, dat hij op zijn sterfbed rijkelijk met giften bedenkt (Lenau). Bij Rostand bestaat zijn straf erin te worden veranderd in een marionet.

De stenen gast is in vele gevallen afwezig. Bij Torrente-Balester wordt de Commandeur zelfs voorgesteld als een smeerlap eerste klas, die eigenlijk verantwoordelijk is voor de pervertering van de eerst zo vrome Don Juan. In de post-klassieke periode zijn de originaliteit en de vindingrijkheid omtrent het einde van Don Juan legio. De figuur van Don Juan bestaat niet meer uitsluitend in functie van de straf die hij niet kan ontlopen. De Romantiek heeft Don Juan herschapen in enerzijds een tragische figuur (bij Baudelaire wordt hem zelfs de toegang tot de hel ontzegd, zodat hij gedoemd is ten eeuwigen dage rond te blijven dolen, zoals de wandelende jood; elders, en met name bij Grabbe, ontmoet Don Juan Faust) en anderzijds in een komische figuur. Bij Puskin is Donna Anna niet langer de dochter van de Commandeur maar zijn weduwe.

Daar waar de traditionele Don Juan de Commandeur uitnodigt op een maaltijd, wordt deze hier geinviteerd om als schildwacht post te vatten voor de kamer van Donna Anna in wiens armen Don Juan zich verblijdt.

Het traditionele Don Juan-stramien

In wat volgt willen we proberen een beeld te vormen van de "traditionele" Don Juan. De herschrijving en herdenking van het Don Juan-motief vanaf de Romantiek is vaak niets anders dan het aanbrengen van een lichte wijziging in het traditionele stramien: de Commandeur wordt schurk (Torrente-Ballester), de Commandeur wordt schildwacht en versmelt dus met Leporello (Puskin), enz. Hoe zit dit "traditionele" Don Juan-schema in elkaar?

Tirso de Molina (omstreeks 1630) in Spanje, Molière (in 1665) in Frankrijk en Mozart (in 1787) in Oostenrijk vormen de hoogtepunten van de mythe. De eerste Don Juan, die van Tirso, wordt, evenmin als zijn Italiaanse soortgenoten, door zijn slachtoffers niet bemind, totdat Molière de figuur van Elvire aan de mythe toevoegt: Elvire is een door dik en dun liefhebbende en bedrogen geliefde (of echtgenote). Deze toevoeging laat zien hoe Don Juan gaandeweg aan complexiteit wint: hij wordt voorwerp van de belangeloze liefde van een vrouw. Van deze teerbeminnende en onbaatzuchtige geliefde zal Mozart één van zijn sleutelfiguren maken. Nadien, met Hoffmann, begint de de-mythifiëring van Don Juan. De Don-Juan-materie wordt losgekoppeld van het standbeeld-motief. Als belangrijkste protagonisten treden nu niet meer Don Juan en de commandeur, maar Don Juan en Donna Anna naar voor: Donna Anna, de vrouw die Juan moet verlossen en hem de wereld van het ideale moet openbaren.

Maar laten we beginnen bij wat vele essayisten - en met name Kierkegaard en Jouve -beschouwen als dé Don Juan, die welke door de vorige wordt voorbereid, die welke systematisch wordt getransformeerd vanaf de Romantiek: *Don Giovanni* van Mozart.

Buiten houdt Leporello, de knecht van Don Giovanni, de wacht terwijl deze laatste in de kamer van Donna Anna is binnengedrongen, zich uitgevend voor haar verloofde Don Ottavio. Donna Anna ontdekt het bedrog en Don Juan moet vluchten indien hij niet herkend wil worden. De kreten van Donna Anna hebben inmiddels haar vader, de Commendatore, gewekt, die het zwaard in de hand, op Don Giovanni komt afgestormd. Don Giovanni doodt de Commendatore en vlucht. In een volgende scene maken we kennis met Donna Elvira, een vrouw (en echtgenote) die door Don Juan werd verlaten. Leporello laat haar de lijst van Don Juan zien, waarin hij al zijn veroveringen zorgvuldig noteert: in Italië 640, in Duitsland 231, een honderdtal in Frankrijk, 91 in Turkije en in Spanje: reeds 1003. Donna Elvira is slechts één in de rij geweest. Inmiddels is Don Giovanni getuige van een boerenhuwelijk en zien we een derde vrouwsfiguur ten tonele verschijnen: Zerlina. Don Juan organiseert een groot feest waarop hij Zerlina probeert te verleiden. Hij wordt echter ontmaskerd door Donna Anna, Elvira en Don Ottavio die zich gemaskerd onder de feestvierders hebben gemengd. Don Juan weet te ontkomen, en in de tweede acte vat hij het plan op het kamermeisje van Elvira te verleiden. Hij doet dit door met Leporello van kleren te wisselen. Maar weer worden zijn plannen gedwarsboomd, dit keer door Masetto, de kersverse echtgenoot van Zerlina, die met een troep gewapende boeren op zoek is naar de schurk. Het is echter Leporello die de klappen moet inkasseren.

Don Juan vindt Leporello terug op een kerkhof, waar zich ook het grafmonument bevindt van de Commendatore: een marmeren standbeeld van de gestorvene duikt voor Don Juan en Leporello op. Schertsend geeft Giovanni aan Leporello de opdracht het beeld uit te nodigen op een maaltijd bij hem thuis. Vreemd genoeg, en tot grote ontzetting van Leporello, antwoordt het beeld dat het de uitnodiging aanneemt. En inderdaad, wanneer Giovanni en Leporello thuis vrolijk aan het eten zijn dient het standbeeld zich aan. Het nodigt op zijn beurt Don Juan uit op een eetmaal. Giovanni accepteert en drukt de ijskoude hand van de Commendatore. Deze zal hem niet meer loslaten en na hem een laatste kans te hebben gegeven om berouw te betonen sleurt hij de zondaar de helse vlammen in.

Uit dit overzicht kunnen we voorlopig reeds één zeer belangrijke conclusie trekken: Don Giovanni is een verleider maar al zijn pogingen mislukken. Bij Mozart althans, is Eros niet de meest essentiële gezel van Don Giovanni. Bepaalde critici hebben het zelfs over de impotentie van Don Giovanni, voor wie het verleiden slechts schone schijn zou zijn om zijn gebrek te verbergen (bijvoorbeeld bij de Italiaanse auteur Brancati in *Don Giovanni in Sicilia*). Misschien is Don Juan minder een verleider, dan een bedrieger: een Burlador, zoals de titel van het stuk van Tirso de Molina duidelijk aangeeft. Hij is het genie van de vermomming, die de mantel leent van een vriend om zo ongemerkt de kamer van diens geliefde binnen te glippen, zoals bij Tirso de Molina. Voor Shoshana Felman bevat het Don Juan-gegeven ondermeer de mythe van de "viol". Niet van de verkrachting, maar van het breken van het gegeven woord. Don Juan is een "Verbrecher". In de *Dom Juan* van Molière doet Don Juan eigenlijk weinig anders dan zijn woord breken. Hij verleidt de vrouwen door hen te beloven met hen te trouwen. Don Juan misbruikt het instituut (en het sacrament) van de belofte. In de tweede acte bijvoorbeeld houden twee vrouwen, Mathurine en Charlotte, tegenover elkaar staande dat Dom Juan beloofd heeft met hen te trouwen. Dom Juan, getuige van de discussie, reageert cynisch: *"Vous soutenez également toutes deux que je vous ai promis de vous prendre pour femme/../ Celle à qui j'ai promis effective-ment n'a-t-elle pas, en elle-même, de quoi se moquer du discours de l'autre, et doit-elle se mettre en peine, pourvu que j'accomplisse ma pro-messe? Tous les discours n'avancent point les choses. Il faut faire et non pas dire; et les effets décident mieux que les paroles."*

Het bedriegen en het verleiden zijn ongetwijfeld twee essentiële ken-trekken van de traditionele Don Juan. Belangrijker nog is wellicht de rebellie die Don Juan kenmerkt. Rebellie tegen een heersende, hypocriete moraal. Als mythische figuur zou Don Juan de verdediger zijn van de rechten van het individu en van de natuur tegenover de sociale en religi-euze wetten, tegenover alles wat "instituut" is. Geheel essentieel lijkt ons het motief van de tijd: Don Juan kiest voor de tijd, niet voor de eeuwig-heid. De juanesque rebellie is er vooral één tegen God. Het zou een ver-gissing zijn Don Juan af te schilderen als een doorgewinterde atheïst. Voor Don Juan bestaat God, hij is de ultieme vijand. Dit godlasterlijke karakter van Don Juan is bijvoorbeeld aan de orde bij Molière, waar Dom Juan aan een bedelaar een aalmoes geeft op voorwaarde dat hij eerst God lastert.

Don Juan is een struktuur, een smeltkroes van motieven die soms ouder zijn dan de mythe: de stenen gast bijvoorbeeld of de aanwezigheid van een dubbelganger in de figuur van Leporello, die bij Tirso Catalinon heet, en bij Molière Sganarelle. Volgens Jean Rousset draait de Don Juan-mythe rond drie constante componenten, die in de meeste traditio-nele versies voorkomen, een soort grootste gemene deler dus: de ontrouwe verleider , een groep vrouwelijke slachtoffers en tenslotte de dood of beter gezegd het wederopduiken van de dode. Het minimale schema van de Don Juan-mythe zou dus bestaan uit de losbol die de vrouwen nazit; de verleiding die leidt tot moord; en tenslotte de ultieme ontmoeting met de wederopgestane dode.

De twee basiscomponenten van de mythe

Literair-historisch onderzoek in verband met het Don Juan- gegeven heeft uitgewezen dat de Don Juan, zoals hij zich voordoet vanaf zijn eerste literaire optreden omstreeks 1630, de samenvoeging is van twee mythische gegevens die in de overgeleverde universele verhalenschat een onafhankelijk leven lijden: dat van de verleider, en dat van de wrekende dode. Men kan zich de vraag stellen waarom precies deze beide archetypische themata in de Don Juan-mythe worden samengevoegd.

Pschyo-analytici zien in de Don Juan-mythe in zijn beide componenten graag de literaire veruitwendiging van een slecht verteerd Oedipuscomplex. Don Juan kan van geen enkele vrouw echt houden omdat hij onderbewust naar het lichaam van zijn moeder verlangt. Wat deze theorie vooral voedsel heeft gegeven is de inderdaad wel erg frappante afwezigheid van de moederfiguur in de traditionele Don Juan-varianten. Deze afwezigheid wordt gecompenseerd door de massale aanwezigheid van vrouwenfiguren die allen substituten van de moederfiguur zouden zijn. Don Juan zou gedoemd zijn tot het onstandvastig zoeken naar de ideale liefde tot de moederfiguur. De andere component van het Oedipusschema is de vaderfiguur. Alle concurrenten en tegenstanders van Don Juan, die hij bedriegt, om de tuin leidt, bespot, bekampt en uiteindelijk ook doodt, zouden vertegenwoordigers zijn van de enige onoverwinnelijke vijand: de vader.

In het stuk van Molière treedt Don Juan zeer duidelijk naar voor als de rivaal van de vader-figuur, Don Louis: "Nous nous incommodons étrangement l'un et l'autre" (Acte IV, scène 4), zo luidt het in het stuk van Molière. Bovendien wenst Don Juan zijn vader een spoedige dood toe:" Eh! Mourez le plus tôt que vous pourrez" (acte IV, scène 5). Nochtans is het niet de vader, Don Louis, die het instrument zal zijn van Don Juan's straf, maar het standbeeld van de Commandeur, een andere incarnatie van de vader-figuur. Volgens Freud en enkele van zijn volgelingen, leidt Don Juan aan een nooit overwonnen Oedipus-complex, dat zich uit in een dubbele onbewuste drang: enerzijds de moeder te bezitten en anderzijds de vader te doden. Het eerste streven is verbonden met het archetypische gegeven van de lichamelijke liefde (Eros), het tweede streven is gelieerd aan het even archetypale gegeven van de vadermoord, van de dood (Thanatos).

Een groot aantal Don Juan-interpretaties speelt met de oppositie tussen de commandeur en Don Juan, die als de twee polen van een op verschillende manier ingevulde antithese functioneren: de vrome tegenover de libertijn, wit tegenover zwart, vader en zoon, de man van de plicht tegenover de man van het verlangen, oud en jong, het eeuwige versus het tijdelijke, de orde tegenover de chaos, het stabiele versus het ongrijpbare, het duurzame versus het momentane, de dood tegenover het leven, enz.

Otto Rank, een van de pioniers van de psycho-analyse, probeert het samengaan van de twee componenten, de verleider en de stenen gast in de Don Juan-mythe op een meer etnologische basis te verklaren. Een centrale idee in deze zeer rijke en zeer complexe interpretatie is die van de dubbelganger.

"Voglio far il gentiluomo, e non voglio più servir" zingt Leporello in de *Don Giovanni* van Mozart: Ik wil zelf edelman zijn en ik wil niet meer dienen. In meer dan één scene in het werk van Mozart, treedt Leporello inderdaad naar voor als een dubbelganger van zijn meester. Vooreerst is er de fameuze catalogus-aria, waarin Leporello alle veroveringen van zijn meester opsomt alsof het de zijne waren. Bovendien is het Leporello's trieste lot zijn meester te moeten vervangen als deze in nauwe schoentjes komt te staan. Na tevergeefs geprobeerd te hebben Zerlina te verleiden, wil Don Giovanni maar al te graag de schuld in de schoenen van Leporello schuiven: "hier is de dader", zegt hij, Leporello bij de kraag vattend. Wanner het er om gaat het kamermeisje van Donna Elvira te versieren, verwisselen Don Giovanni en Leporello van kleren. Men weet waar dit op uitdraait.

Leporello is geen personage dat buiten dat van Don Giovanni staat, het maakt er, aldus Otto Rank, deel van uit. Leporello is het geweten van Don Giovanni. Meer dan eens berispt hij zijn meester om zijn ongebreidelde losbandigheid. Door de ontkoppeling van Don Giovanni en zijn geweten kan deze ons verschijnen als de absolute incarnatie van het immorele. In Leporello ontmoet Giovanni zijn eigen geweten. In de Commendatore, een andere dubbelganger, ontmoet hij zijn eigen schuldgevoel. De terugkeer van de dode is niets anders dan het kwellende schuldgevoel dat zich van Don Giovanni meester maakt. Leporello, de Commendatore en Don Giovanni vormen samen één karakter, dat door verschillende personages wordt uitgebeeld. Uit deze versplintering van het ik betrekt de Don Juan-mythe zijn literair karakter.

De Burlador is dus de bedrieger, de absolute schurk, die weinig of niets opheeft met de moraliserende bedenkingen van zijn knecht. In zijn verlangen elke moraal en elke geestelijke waarde met voeten te treden, meent hij zelfs de dood te kunnen beschimpen. De betekenis van de komst van het stenen standbeeld zou hierin liggen dat de mens wellicht het hoofd kan bieden aan alle vijandige krachten die buiten hem liggen, maar dat hij bezwijkt aan de krachten die binnen in hem leven, zoals het geweten en het schuldgevoel.

Otto Rank fundeert deze zeer rijke interpretatie op etnologische gegevens. Hij verklaart het optreden van de stenen gast zowel als het bestaan van de verleider vanuit het animistische geloof dat de prehistorische mens kenmerkt. Men kan de vele dodencultussen bij diverse prehistorische (of in dit stadium levende) volkeren slechts verklaren vanuit de schrik dat de dode zal terugkeren, dit gegeven was al door Freud onderlijnd. Het schuldgevoel ligt aan de basis van het respect voor de dode. Schuldgevoel bijvoorbeeld van de krijger die een vijand heeft gedood en vreest dat deze terugkomt om zich te wreken. De demonologie wordt volgens Freud verklaart vanuit dit (vaak ook imaginaire) schuldgevoel ten opzichte van de dode. De dode die terugkomt om zich te wreken doet dit onder meer door zijn slachtoffer op te eten: we herkennen hier de slavische vampier, die het bloed uit zijn slachtoffer zuigt. Bij sommige volkeren is de angst voor de wrekende dode zo sterk dat ze leidt tot endocannibalisme. Men eet het vlees van de dode op, om daarna zijn beenderen zorgvuldig te begraven. Er zijn beenderen gevonden die zorgvuldig waren samengebonden teneinde het skelet de mogelijkheid te ontnemen uit het dodenrijk terug te keren. In bepaalde prehistorische culturen werd met dit vastbinden van de dode reeds begonnen van zodra de doodstrijd was ingetreden.

In de *Don Giovanni* keert de wrekende dode ook als eter terug:" il diavolo sel transgugio", zegt Leporello in de scena ultima, wanneer Don Giovanni in de vlammen is verdwenen: "de duivel heeft hem ingeslikt"... Er zijn talloze verhalen overgeleverd van doden die terugkeren om zich te wreken op de onverlaat die de rust der doden niet eerbiedigt. Vaak gaat het hier om jonge lieden die, al of niet dronken, op een kerkhof een schedel voor zich uit trappen. Beide gegevens, de man die de doden niet eerbiedigt en de dode die terugkeert, vinden we in de *Don Giovanni* terug. Het stenen karakter van de terugkerende dode zou dan verklaard worden vanuit de lijksteen, de latere zerk, die op het dode lichaam werd geplaatst (een andere voorzorgsmaatregel trouwens).

Het motief van de verleider dat samen met dat van de stenen gast het wezen uitmaakt van de Don Juan-mythe, wordt door Rank eveneens verklaard vanuit een animistische traditie. Voor Rank is het essentieel dat Don Juan een rivaal heeft: Don Ottavio, de verloofde van Donna Anna, Masetto, de echtgenoot van Zerlina, enz. Zonder een rechtmatige bezitter van de vrouw, oefent deze op Don Giovanni geen enkele aantrekkingskracht uit. Hij wil haar niet duurzaam bezitten; wat hij wil, is haar zijn ziel geven. Volgens Rank kan Don Giovanni slechts verklaard worden als Totem. In de animistische traditie gelooft de man dat hij zijn ziel kwijtraakt aan het kind dat hij verwekt en dus tot leven wekt. Om dit te vermijden wordt beroep gedaan op een animerende halfgod die het privilegie bezit de vrouw van een ander te bevruchten zonder daarbij zijn ziel te verliezen en waarbij hij integendeel zijn eigen ziel in stand houdt. Van dit animistisch geloof vinden we een overblijfsel in het jus primae noctis, waarrond een andere Mozart-opera draait: *Le Nozze di Figaro*: de echtgenoot staat zijn recht op de huwelijksnacht af (of wordt gedwongen dit te doen) aan de landheer, koning of priester. Don Juan zou zo'n halfgod zijn die onder meer Zerlina bij Mozart en Tisbea bij Tirso de Molina wil bezitten op de dag van hun bruiloft.

In dit opzicht is Don Giovanni bij Mozart eigenlijk al een aftakelende halfgod, bij wie de verleiderspogingen mislukken. Maar hier duikt weer een nieuwe hypothese op: is dit mislukken geen strategie van Don Giovanni?

Voor sommige Don Juan-verklaarders is Don Juan een instrument in het emancipatieproces van de vrouw in het Spanje van de zeventiende eeuw. Hij is diegene die de vrouw bevrijdt uit de sexuele dominantie van de man. Welnu, de woede en de haat die Donna Anna wil koelen op Don Giovanni zouden in dit opzicht niet verklaard worden vanuit een poging tot verleiding, maar integendeel door de weigering van Don Giovanni met Donna Anna te slapen. Don Giovanni is meer Burlador dan verleider. Hij weigert Donna Anna te bevrijden uit de sexuele dominantie van de man.

Deze Don Juan, incarnatie van de zielgevende halfgod en van het emanciperende principe werd door het Christendom omgebogen tot een sexueel losbandige en een erotomaan, wat hij niet is. Don Giovanni doet zijn intrede op de literaire scene in een klimaat van Contrareformatie. Don Juan zou als het ware op deze klimaatsverandering hebben gewacht om zich te manifesteren, doorheen het samenvoegen van twee archetypische gegevens: Eros en Thanatos of de zielschenkende halfgod en de wrekende dode.

Een andere,spitsvondige, verklaring voor de juanesque losbandigheid vinden we bij de hedendaagse Spaanse romancier Gonzalo Torrente-Ballester: Don Juan duikt in de Westeuropese letteren op in een jansenistisch en calvinistisch klimaat, in het heetst van het theologische debat over de gratie, dus. Als, zoals het Jansenisme stelt, de gratie willekeurig door God wordt bedeeld, aan de ene wel en aan de andere niet, dan is er geen enkele reden om zich aan de morele voorschriften der religie te houden. Welke ook de levenswandel van eenieder zij, men krijgt vergeving van de zonden, indien dat door God, van in den beginne, zo was bepaald.

Verre van als een atheist, verschijnt Don Juan aan sommige commentatoren als iemand die stellig gelooft in de goddelijke clementie, overtuigd als hij is dat hij nog tijd heeft zich te bekeren en dat zijn zonden hem hoe dan ook zullen worden vergeven.

Met de Franse Revolutie kreeg de traditionele Don Juan, volgens Béatrice Didier, een fameuze klap. Met de vernietiging van het traditionele beeld van de koning-vader, werd ook het standbeeld van de commendatore stukgeslagen, en zo werd het sluitstuk van de traditionele mythe vernietigd.

Het tijdperk breekt aan waarin de twee bestanddelen van de Don Juan-mythe worden ontkoppeld. Tegelijkertijd treedt Don Juan de roman binnen. In de novelle van Balzac, *L'elixir de longue vie*, leidt Don Juan Belvidéro een losbandig leven dank zij de rijkdommen van zijn vader. *Op zijn sterfbed vertrouwt Bartholomeo, de vader, zijn zoon een geheim toe: hij is de gelukkige bezitter van een levenselixir. Na zijn dood moet Don Juan hem invrijven met dit elixir en hij zal uit de doden verrijzen. Don Juan, de ondankbare zoon, gehoorzaamt echter niet en behoudt het elixir voor zichzelf om tot in de eeuwigheid zijn losbandig leven voort te kunnen zetten.* We gaven reeds het voorbeeld van Pouchkine, waar de commandeur schildwacht wordt en dat van Baudelaire waar Don Juan de toegang tot de hel wordt ontzegd. Bij Byron zien we Don Juan opgroeien onder de vleugels van een al te tedere moeder en onder de plak van een libertijnse vader, wiens avonturen door de moeder zorgvuldig worden genoteerd in een register.

De figuur Don Juan verliest haar aantrekkingskracht niet, daarvan getuigen het ongemeen groot aantal Don Juan-varianten na 1800. Wat teloorgaat is de *mythe* van Don Juan zoals we die hierboven hebben geschetst. Tegelijkertijd verrijkt het literaire landschap zich met een ander gegeven. *Don Giovanni* van Mozart begint als stuk een literair, fictioneel, vooral romanesk leven te leiden. Bijvoorbeeld in de novelle van Hoffmann. *Een reiziger die in een hotel een kamer huurt wordt plots gewekt door een vreemde muziek. Hij verneemt dat zijn kamer via een smalle gang leidt naar een loge van het theater dat deel uitmaakt van het hotel. Die avond wordt Don Giovanni uitgevoerd. De reiziger woont de voorstelling bij en gedurende de eerste acte voelt hij de geheimzinnige aanwezigheid van een onbekende aan zijn zijde. Hij schenkt er echter geen aandacht aan uit angst dat de wonderlijke charme van de muziek zal verbroken worden. Tijdens de pauze stelt hij verrast vast dat de persoon aan zijn zijde niemand anders is dan Donna Anna, in haar toneelkostuum. De actrice en de reiziger hebben met elkaar een gesprek in het Italiaans. Donna Anna velaat hem aan het einde van de pauze en gedurende de tweede acte wordt hem via de muziek het mysterie van de*

Don Juan-mythe ontsluierd. Na de voorstelling installeert hij zich weer geheel alleen in de loge van het verlaten theater en schrijft een commentaar op de opera. 's Anderendaags verneemt hij van zijn gastheer dat de actrice die Donna Anna vertolkte die nacht is overleden, na gedurende de pauze in zwijm te zijn gevallen en gedurende de tweede acte verschillende zenuwaanvallen te hebben gehad.

De novelle van Hoffmann bevat dus een lectuur van *Don Giovanni*. Volgens de reiziger is Don Juan een ziel die snakt naar een bovenmenselijke verhevenheid. Maar zijn aardse krachten stellen hem steeds opnieuw teleur zodat zijn hemelse aspiraties hem uiteidelijk overleveren aan de macht van de duivel, die hem onderdompelt in een leven van cynische sensualiteit. Volgens de reiziger, die de spreekbuis is van Hoffmann, ligt de essentie van de opera in de spanning tussen het verlangen een bovenaards ideaal te bereiken doorheen de liefde voor de vrouw en de onmogelijkheid aan dit verlangen in het aardse leven te voldoen. Alleen de muziek is in staat een dergelijk spanningsveld op te roepen en daarom is de *Don Giovanni* het sluitstuk, het summum van de Don Juan-mythe. Met Hoffmann treedt Don Juan het narratieve proza binnen, maar tegelijkertijd wordt met hem een hele reeks romantische interpretaties van de *Don Giovanni* ingezet. In de novelle *Emmeline* van Musset bezwijkt het eerst zo deugdzame vrouwelijke personage voor de avances van een minaar na het zien van de *Don Giovanni*. In de novelle *Les grands moments d'un chanteur* van de hedendaagse auteur Louis-René des Forest vernietigt de acteur Don Giovanni zijn eigen rol door ze gedurende zijn afscheidsconcert te zingen tegen alle regels van de kunst in. Zo wordt de acteur Don Giovanni. Hij kan maar echt Don Giovanni vertolken als hij met hem samenvalt en dat kan alleen door 'Burlador' te worden, bedrieger, iemand die tegen alle regels en conventies ingaat.

De meest bekende interpretatie van de *Don Giovanni* op het vlak van het essay is, naast die van Pierre-Jean Jouve, wellicht die van Kierkegaard. In de denkwereld van de Deense denker Sören Kierkegaard dankt de zinnelijkheid die in de Don Juan-mythe naar voor komt haar bestaan aan het Christendom. Zinnelijkheid, en lichamelijkheid, ook in hun erotische en vaak homosexuele vorm, bekleedden een essentiële plaats in het wereldbeeld van de klassieke mens in de oudheid. Door precies al wat zinnelijk en lichamelijk is uit de wereld te bannen en de dictatuur van de Geest te vestigen heeft het Christendom de zinnelijkheid onderhuids doen herleven, en nog wel in de muziek. De zinnelijkheid heeft in de muziek haar nieuwe directe uitingsvorm gevonden. Wat

Kierkegaard de 'zinnelijke genialiteit' noemt wordt uitgedrukt door Don Giovanni en Don Giovanni kan enkel en alleen door de muziek worden uitgedrukt.

Indien de Don Juan-mythe haar literaire zin betrekt uit de uitdrukking van iets onzegbaars, dan wordt de onzegbare zinnelijke genialiteit, doorheen Don Juan, uitgedrukt in de muziek, in *Don Giovanni*. In *Don Giovanni* is volgens Kierkegaard, de begeerte absoluut, totaal, demonisch en triomfantelijk, aanwezig.

In de eerste scene van de allereerste Don Juan-versie, die van Tirso de Molina, vraagt Donna Isabella aan haar verleider:" Wie ben je?" -"Een man zonder naam", antwoordt Don Juan, "Un Hombre sin nombre". In deze repliek zit de hele complexiteit van Don Juan vervat. 'Don Juan' is onnoembaar, onvatbaar, onzegbaar, als een mythisch gegeven. Na 1800 vervaagt het mythische karakter van Don Juan. Don Juan maakt plaats voor het donjuanisme. Don Juan is "un nombre sin hombre" geworden, een naam zonder man.

Bibliografie

Standaardwerken

BERVEILLER Michel, *L'éternel Don Juan*, Paris, Hachette, 1961.

GENDARME DE BEVOTTE Georges., *La légende de Don Juan. Son évolution dans la littérature des origines au romantisme*, Paris, Hachette, 1906.

MACCHIA Giovanni, *Vie, aventures et mort de Don Juan*, Paris, Desjonquères, 1990 (1978 voor de Italiaanse uitgave)

ROUSSET Jean, *Le Mythe de Don Juan*, Paris, Armand Colin, 1978.

SINGER Armand, *A bibliography of the Don Juan Theme*, The West-Verginia University Press, 1954.

SMEED John William, *Don Juan, Variations on a theme*, London and New York, Routledge, 1990.

WEINSTEIN Leo, *The metamorphoses of Don Juan*, Stanford, 1959.

Tijdschriftnummers

Obliques nr 4-5, Paris, 1974 en herdrukt in 1978.

Catalogi

Don Juan, catalogus van de tentoonstelling in de Bibliothèque Nationale te Parijs (25 april- 5 juli 1991), Paris,BN, 1991.

Toegankelijke studies in verband met deelaspecten
a)Biografische benadering

MARANON Gregorio, *Don Juan et le Donjuanisme*, Gallimard, coll.idées no 132, 1967 (1958 voor de Spaanse uitgave)

VAN LOO Esther, *Le vrai Don Juan, Don Miguel de Manara*, Paris, Ed.Sfelt, 1950.

b)Psychologiserende en psychanalytische benadering

KOFMAN Sarah en MASSON Jean-Yves, *Don Juan ou le refus de la dette*, Paris, Galilée, 1991.

KRISTEVA Julia, 'Don Juan ou aimer pouvoir', in *Histoires d'amour,* Paris, Denoël, 1983.

RANK Otto, *Don Juan et le double*, Paris, Petite Bibliothèque Payot, 1990 (1914 voor de oorspronkelijke Duitse editie)

c)Contrastieve benadering

DENIS DE ROUGEMONT, 'Don Juan' in *Les Mythes de l'amour,* Paris, Albin Michel, 1961.

MARCEAU Félicien, *Casanova ou l'anti-Don Juan*, Paris, Gallimard, 1985

EIGELDINGER Marc, *Mythologie et intertextualité*, Genève, Slatkine, 1967.

d)Linguistische benadering

FELMAN Shoshana, *Le scandale du corps parlant,* Paris, Seuil, 1980.

BRANDT Aage, 'Dom Juan ou la force de la parole, in *Poétique* no 12 (1972).

e)muziek-esthetische benadering

CRUYSBERGHS Paul, 'Kierkegaard en Mozart, een verhaal over zinnelijkheid, begeerte en verleiding', in *Onze Alma Mater* 93/1 (1993) p.56-83.

DECOTTIGNIES Jean, 'Don Juan ou le débauché saisi par la musique' in *Ecritures ironiques*, Lille, Presses universitaires, 1989.

JOUVE Pierre-Jean, *Le Don Juan de Mozart*, Paris, Egloff, 1942.

KIERKEGAARD Sören, *De onmiddellijk erotische stadia of het muzikaal-erotische. Over Mozarts Don Giovanni,* Leiden, Plantage, 1991 (1843 voor de eerste Deense uitgave)